**◢Schöningh**

# EinFach
# Deutsch

**Uwe Timm**

# Halbschatten

## ...verstehen

Erarbeitet von
Matthias Ehm

Herausgegeben von
Johannes Diekhans
Michael Völkl

W0177746

**Bildnachweis**

S. 13: Beek100 via wikimedia commons, https://commons.wikimedia.org/ wiki/File:Invalidenfriedhof,_Grab_von_Etzdorf.jpg; S. 16: Bundesarchiv, Bild 183-W0801-521, Foto: o. Ang. 7 29. August 1931; S. 25: Viktor Fux, www.japan-raum.com; S. 42: picture-alliance / akg-images; S. 57: picture-alliance / United Archives/TopFoto; S. 69: Bundesarchiv, Bild 183-2008-0814-507. Foto: o. Ang. / Juli 1933; S. 79: © C. Besold; S. 95: picture alliance / Erwin Elsner

Sollte trotz aller Bemühungen um korrekte Urheberangaben ein Irrtum unterlaufen sein, bitten wir darum, sich mit dem Verlag in Verbindung zu setzen, damit wir eventuell notwendige Korrekturen vornehmen können.

© 2016 Bildungshaus Schulbuchverlage
Westermann Schroedel Diesterweg Schöningh Winklers GmbH
Braunschweig, Paderborn, Darmstadt

www.schoeningh-schulbuch.de
Schöningh Verlag, Jühenplatz 1–3, 33098 Paderborn

Auf verschiedenen Seiten dieses Buches befinden sich Verweise (Links) auf Internetadressen. Haftungshinweis: Trotz sorgfältiger inhaltlicher Kontrolle wird die Haftung für die Inhalte der externen Seiten ausgeschlossen. Für den Inhalt dieser externen Seiten sind ausschließlich deren Betreiber verantwortlich. Sollten Sie dabei auf kostenpflichtige, illegale oder anstößige Inhalte treffen, so bedauern wir dies ausdrücklich und bitten Sie, uns umgehend per E-Mail davon in Kenntnis zu setzen, damit beim Nachdruck der Verweis gelöscht wird.

Druck A 5 4 3 2 1 / Jahr 2020 19 18 17 16
Alle Drucke der Serie A sind im Unterricht parallel verwendbar.
Die letzte Zahl bezeichnet das Jahr dieses Druckes.

Umschlaggestaltung: Nora Krull, Bielefeld
Umschlagbild: Marga von Etzdorf in ihrer Junkers „Kiek in die Welt",
Bundesarchiv, Bild 183-2008-0814-503
Druck und Bindung: westermann druck GmbH, Braunschweig

ISBN 978-3-14-022644-8

# Inhaltsverzeichnis

# An die Leserin und den Leser

„Der Flug ist das Leben wert" steht auf dem Grabstein der deutschen Flugpionierin Marga von Etzdorf (1907–1933), die auf dem Berliner Invalidenfriedhof begraben ist. Der Satz wirft einige Fragen auf: Ist ein bestimmter Flug oder das Fliegen an sich gemeint? Macht das Fliegen das Leben erst lebenswert oder ist es gar so wichtig, dass jemand sein Leben dafür einsetzt und womöglich sogar aufgibt?

Die Inschrift gibt Ihnen als Leser also Rätsel auf, gerade dann, wenn die Tote aus ungeklärten Motiven Selbstmord begangen hat. Uwe Timm spürt in seinem Roman „Halbschatten" dem Leben und dem Tod Marga von Etzdorfs nach und lässt die tote Marga aus ihrem Grab heraus zu seinem Ich-Erzähler sprechen, der in Begleitung eines außergewöhnlich gut informierten Führers einen Friedhofsrundgang macht. Dabei mischen sich immer mehr Stimmen in Margas Erzählung ein, um ihre eigene Geschichte zu schildern oder an die von Marga anzuknüpfen und diese zu kommentieren. Da es sich nicht um irgendeinen Friedhof, sondern um den geschichtsträchtigen Berliner Invalidenfriedhof handelt, entsteht so ein facettenreicher Chor von Stimmen der deutschen Geschichte, der stellenweise sogar den Charakter eines Stimmengewirrs annimmt. Personen, Ereignisse und Mentalitäten der Vergangenheit werden aus dem Schatten geholt und beleuchtet, wobei die Stimmen assoziativ an ihre Vorredner anknüpfen, die ihrerseits wieder im Dunkel der Geschichte versinken. Der Führer macht dem Ich-Erzähler und damit den Lesern klar, dass auch sie selbst, wenn sie sich über die Gräber der Toten und damit die Geschichte beugen, eine bestimmte Perspektivierung bzw. Schattierung bewirken. Auf diese Weise wird Margas individuelles Schicksal immer stärker mit der Geschichte verbunden. Eine eindeutige Bestimmung der Motive ihres Handelns erfolgt nicht, letztlich muss der Leser die oben aufgeworfenen Fragen aus der eigenen Sicht beantworten.

Der Roman ist nicht einfach zu lesen: Die Handlung ist weder in Kapitel unterteilt noch wird linear erzählt, dazu wechseln die Perspektiven häufig und können nicht immer eindeutig bestimmt werden. Womöglich sind Ihnen einige der sprechenden historischen Personen, ihre Anspielungen oder die historischen Zusammenhänge, in denen sie agierten, unbekannt. Außerdem fehlt es an Eindeutigkeit sowie Identifikationsangeboten für den Leser. Dennoch lohnt es sich, auch wenn unter Umständen bei der ersten Lektüre vieles im „Halbschatten" oder gar im Dunkeln bleibt. Erhellend wirkt Timms Roman aber aus folgenden Gründen:

- Der Roman „Halbschatten" thematisiert die Faszination des Fliegens und zeigt, wie sich eine Frau in den Anfangstagen der Fliegerei in der Männerdomäne Luftfahrt behauptet. Eindrucksvoll wird geschildert, wie Marga von Etzdorf beim Fliegen Freiheit erlebt und sich aus den Zwängen der Geschlechterrollen lösen kann. Der Blick aus dem Cockpit auf die Erdoberfläche und die Begegnungen mit Fremden ermöglichen es ihr, die Dinge aus einer anderen Perspektive zu betrachten.

- Der Roman veranschaulicht, wie der Einzelne und sein Schicksal untrennbar mit der Geschichte seiner Zeit verflochten sind. Während das nationalsozialistische Deutschland sich anschickt, ganz Europa zu zerstören, sucht die Protagonistin Marga nach privatem und beruflichem Glück. Dabei kann sie sich der Vereinnahmung durch die Nationalsozialisten nicht entziehen. Aber auch Margas preußisches Erbe wird im Verlauf der Romanhandlung offenkundig.

- Bei der Lektüre wird deutlich, dass diese Verflechtung im Roman nicht nur inhaltlich herausgearbeitet, sondern auch durch dessen Komposition symbolisiert wird. Das Gerüst der Erzählung bildet Margas Schilderung von der Nacht mit Christian von Dahlem in

Hiroshima, die aber immer wieder von anderen Stimmen aus der Vergangenheit unterbrochen wird.

- Mithilfe des derart montierten Stimmengewirrs gelingt es Timm, die Chronologie aufzuheben und Ihnen als Leser mehr als zwei Jahrhunderte deutscher Geschichte zu vergegenwärtigen. Voraussetzung für diesen Kunstgriff ist die Wahl des Invalidenfriedhofs als Schauplatz, an dem alle der vorgestellten Lebensläufe enden. Wohl in nur wenigen anderen Romanen kommt dem Handlungsort so viel Bedeutung zu wie im Roman „Halbschatten" dem Invalidenfriedhof als Symbolort der deutschen Geschichte.

- Die Erzählweise mag anfangs zwar verwirren, ist aber kunstvoll und außergewöhnlich, weil sie Geschichte und Poesie miteinander verflicht. Sie drängt Ihnen als Leser keine Erklärungen auf, sondern soll Sie neugierig machen und dazu bringen, selbst nach Zusammenhängen zu suchen.

Der vorliegende Band aus der Reihe „Einfach Deutsch – … verstehen" möchte Ihnen helfen, die wesentlichen Inhalte des Romans zu erschließen und die wichtigsten Charakteristika der handelnden Figuren kennenzulernen. Auf dieser Grundlage zeigt er Ihnen Zugänge zur Interpretation des Textes. Ergänzend und vertiefend werden biografische, zeitgeschichtliche und kunsttheoretische Hintergründe auf anschauliche und kompakte Weise vermittelt. Damit Sie sich gezielt auf Prüfungen vorbereiten können, werden textanalytische Verfahren sowie die Charakterisierung von literarischen Figuren als Aufgabenformen erarbeitet. Mithilfe von übersichtlichen und einprägsamen Schaubildern können Sie außerdem die wichtigsten Aspekte des Romans wiederholen.

Viel Freude beim Lesen, Nachdenken und Verstehen wünscht

*Matthias Ehm*

# Der Inhalt im Überblick

Ein namenloser Ich-Erzähler, der an den Autor Uwe Timm erinnert, wird von einem Touristenführer, dem „Grauen", über den Berliner Invalidenfriedhof geführt, auf dem vor allem Größen der preußischen und deutschen Militärgeschichte, dazu Nationalsozialisten, Widerstandskämpfer und namenlose Opfer der „Schlacht um Berlin" (1945) bestattet sind. Dabei hört er die Stimmen von unterschiedlichen Toten, die sie prägende Ereignisse schildern oder andere Stimmen kommentieren. Zwischen all den Toten befindet sich das Grab der Flugpionierin Marga von Etzdorf, die sich 1933 nach einer Bruchlandung umgebracht hat. Der frühe Suizid dieser unkonventionellen Frau hat die Neugier des geschichtsinteressierten Erzählers geweckt. Deswegen hat er die Führung beim Grauen gebucht, der Margas Geschichte wie auch die der anderen Toten genau kennt. Aus dem Grab heraus erzählt die tote Marga den beiden ihre Geschichte.

Auf ihrem spektakulären Japanflug im Jahr 1931 verbringt sie eine Nacht mit dem weltgewandten deutschen Diplomaten Christian von Dahlem in dessen Zimmer. Getrennt durch einen Vorhang erzählen sich beide aus ihrem Leben. Der eigentümliche Zauber zwischen Nähe und Distanz und das langsame Näherkommen beim Erzählen verändern die junge Frau, die von Dahlem nicht mehr vergessen kann. Dieser erwidert ihre Liebe jedoch nicht. Bei ihrem Abflug schenkt er ihr ein symbolträchtiges Zigarettenetui, das die verschiedenen Personen und Zeitebenen des Romans verbindet. Eine Bruchlandung auf dem Rückflug führt dazu, dass Margas Flugzeug Totalschaden erleidet und ihr Ruf als Fliegerin stark in Mitleidenschaft gezogen wird. Die beiden haben ein Jahr lang keinen Kontakt, dann bietet von Dahlem der mittellosen Marga an, sich an einem Waffenschmuggel nach

Syrien zu beteiligen, um so an Geld für ein neues Flugzeug zu gelangen. Mit diesem bricht Marga 1933 zu einem neuen Rekordflug auf, beschädigt aber ihr Flugzeug bei einer selbst verschuldeten Bruchlandung im syrischen Aleppo stark. Aus unbekannten Gründen bringt sie sich daraufhin noch am Flugplatz um. Kommentiert wird ihre Geschichte von ihrem Verehrer, dem Schauspieler Anton Miller, der ebenfalls auf dem Friedhof bestattet ist. Auch andere Stimmen auf dem Friedhof beginnen zu sprechen, sodass eine Collage aus vielen Stimmen entsteht, die mehr oder weniger genau zuzuordnen sind. Es handelt sich um fiktionale oder historische Personen, die einen Klangteppich weben, in dem sich der Leser zurechtfinden muss. Nur an wenigen Stellen greift der Graue erklärend ein.

# Die Personenkonstellation

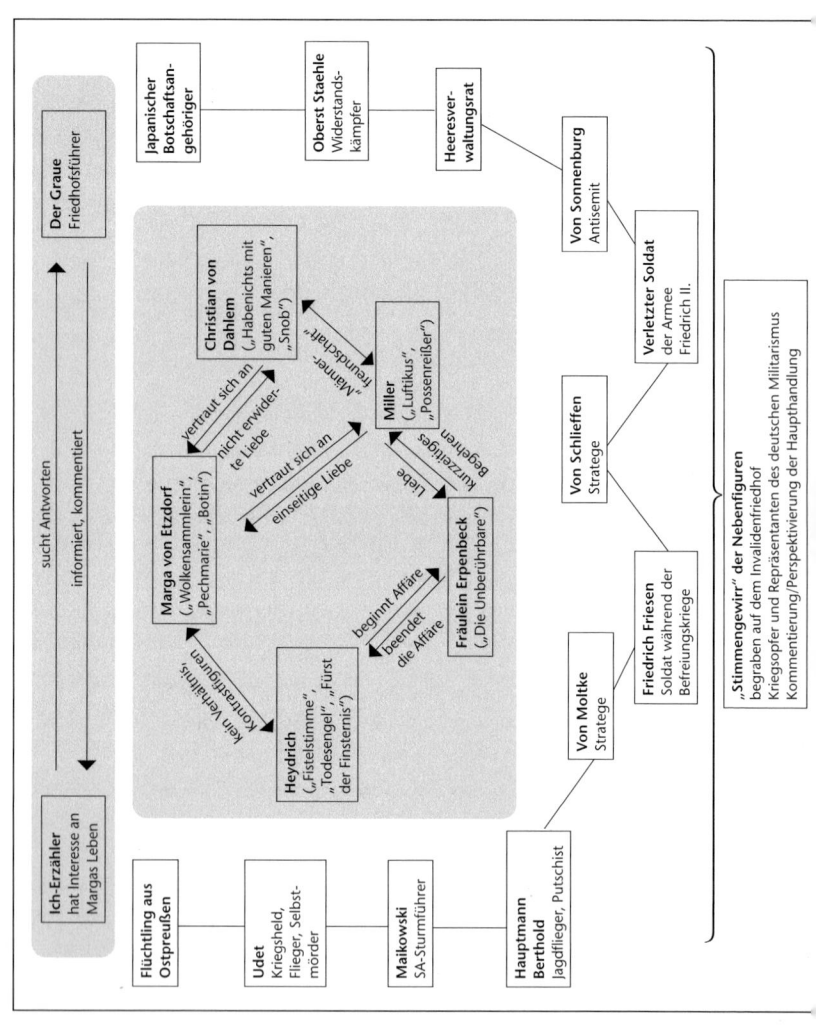

# Inhalt, Aufbau und erste Deutungsansätze

## Zur Gestaltung dieser Inhaltszusammenfassung

Da Überschriften und Kapiteleinteilungen im Roman „Halbschatten" fehlen, wird der Inhalt nach Sinnabschnitten strukturiert, um dem Leser das Verstehen zu erleichtern. Die einzelnen Abschnitte sind anfangs kurz gehalten, werden aber später länger, weil Sie als Leser die einzelnen Stimmen bzw. Handlungsstränge zunehmend leichter zuordnen können und die Komposition des Romans klarer wird. Die gefetteten Überschriften sind nicht dem Roman entnommen, sondern sollen Ihnen, ebenso wie die häufigen direkten Zitate, die Orientierung im Buch erleichtern. Um die Länge der Zusammenfassung zu beschränken, wird nicht immer auf alle Stimmen bzw. Handlungselemente eingegangen, ebenso wenig kann vollständig herausgearbeitet werden, wie die einzelnen Elemente motivisch verbunden werden.

## Einstiegszitat

Dem Roman ist als Motto ein Zitat aus Shakespeares Drama „The Tempest" („Der Sturm") vorangestellt (vgl. S. 5)[1]. Alonso, König von Neapel, bekennt dem Zauberer Prospero, dass er dessen Lebensgeschichte hören möchte, die sich bestimmt fremdartig bzw. rätselhaft ausnehme. Damit wird ein intertextueller Bezug zwischen Shakespeares Drama „Der Sturm" und dem Roman hergestellt. Im Roman „Halbschatten" will der Ich-Erzähler in der Rahmenhandlung die Lebensgeschichte der Marga von Etzdorf rekonstruieren, Marga selbst offenbart in der Binnenhandlung dem von ihr verehrten von Dahlem ihre Lebensgeschichte und möchte dessen Biografie kennenlernen.

---

[1] Alle Seitenverweise beziehen sich auf die im Literaturverzeichnis angegebene Ausgabe des dtv Verlags.

## Drei Bilder zum Einstieg, S. 7–8

Erstes Bild: Eine Gebirgslandschaft wird skizziert, in der ein alter Bauer auf einem Büffel talwärts reitet. Später wird sich zeigen, dass es sich dabei um ein Bild auf dem Raumteiler in dem Raum handelt, in dem Marga und von Dahlem die Nacht verbringen, und dass der Alte der berühmte chinesische Philosoph Konfuzius ist, der Ruhe und Harmonie ausstrahlt (vgl. S. 224).

Zweites Bild: Eine Person beschreibt ihre Eindrücke, wenn sie beim Fliegen eine Wolkenschicht erst von außen betrachtet, dann von oben in diese eintaucht, sie später wieder verlässt und dabei Unruhe spürt und anschließend das „Blau der Tiefe" (S. 7) wahrnimmt.

Drittes Bild: Ein ungewöhnlicher, teilweise zerstörter, lange ungepflegter und unzugänglicher Friedhof wird beschrieben. Während des Kalten Kriegs hat dieser – so der Erzähler – an der Berliner Mauer gelegen und ist von der DDR-Regierung aufgelassen worden, um die innerdeutsche Grenze zu sichern. Nach dem Fall der Mauer sei der Friedhof wieder zugänglich geworden.

Verweischarakter der Bilder

Alle drei Bilder stellen Aneinanderreihungen von Sinneseindrücken dar und verweisen auf die Vielschichtigkeit der Themen bzw. Motive des Romans: Ruhe und Melancholie im ersten Bild, Nervenkitzel und Unruhe beim Fliegen im nächsten Bild sowie die jüngere deutsche Geschichte im letzten Bild. Möglicherweise wird schon das letzte Bild aus Sicht des Ich-Erzählers beschrieben, während die beiden ersten aus der Sicht von Marga von Etzdorf erzählt sein dürften. Derart unklare, schwankende Erzählperspektiven bilden ein Kompositionsprinzip dieses Buches.

## Einsetzen der Rahmenhandlung, S. 8–12

Der im dritten Bild beschriebene Friedhof stellt sich als der Berliner Invalidenfriedhof[1] heraus. Der Ich-Erzähler hat sich dort an einem düsteren Novembernachmittag mit einem „Kenner dieses Ortes" (S. 9) verabredet, der nur als „der Graue" bezeichnet wird. Dieser wirkt vom Auftreten und Habitus her sehr militärisch. Er nennt dem Ich-Erzähler, der zunächst konturlos bleibt, die Namen einiger bekannter Toter, die auf dem Invalidenfriedhof bestattet sind. Dabei handelt es sich um Militärs und Jagdflieger.

*Der Graue als Führer über den Friedhof*

Der Graue zeigt dem Ich-Erzähler den Grabstein einer deutschen Fliegerin namens Marga von Etzdorf (1907–1933), der die rätselhaft wirkende Inschrift „Der Flug ist das Leben wert" (S. 9) trägt. Der Erzähler weiß, dass die Tote nach einer Bruchlandung in Syrien Selbstmord begangen hat, und nennt sein Interesse an ihrem Schicksal als Grund für seinen Besuch. Der Graue erweist sich als Kenner ihrer Biografie, der Fotos, Berichte und Interviews sammelt und sogar über ein Zigarettenetui verfügt, das der Verstorbenen einst gehört hat.

*Margas Grabstein als erzählerischer Ausgangspunkt*

Der Grabstein Margas als Stein des Anstoßes

Dieses ist infolge von Gewalteinwirkung beschädigt und hat die Initialen M. v. E. und Ch. v. D (Christian von Dahlem) sowie das Wort Isobare[2] eingraviert.

*Erstmalige Beschreibung des Zigarettenetuis*

Der Graue beschreibt das Äußere Margas anhand von Fotos und Filmausschnitten. Auffällig sei, dass Marga in Frauenkleidern „schlank, fast zerbrechlich" (S. 10) erscheine, in Hosen oder Pilotenkluft aber selbstsicherer wirke. Im Folgenden werden, wohl vom Grauen, Zitate aus einem Radiointerview Margas kurz vor ihrem Flug nach

*Erster Eindruck von Marga*

---

[1] Historischer Friedhof, gegründet vom preußischen König Friedrich II. Der ehemalige „Heldenfriedhof" ist heute eine Gedenkstätte.

[2] Isobaren: Linien gleichen Luftdrucks auf der Wetterkarte

Japan 1931 wiedergegeben. Darin erwähnt Marga ihr Ziel, als erste Fliegerin allein Japan zu erreichen. Als ihren „Traum vom Fliegen" (S. 11), d.h. als Grund für die Karriere als Pilotin, nennt sie das Gefühl der Schwerelosigkeit. Während des Fluges lese sie Gedichte von Romantikern wie Heine[1] und Eichendorff[2], löse Kreuzworträtsel, beobachte die Landschaft und schreibe Tagebuch sowie Postkarten an Freunde. Der Leser gewinnt den Eindruck, dass es sich bei Marga um eine zielstrebige, aber auch sensible Person handelt.

Annäherung an die Hauptfigur

In diesem Abschnitt werden der Ich-Erzähler und der Graue als Vermittlerfiguren in der Rahmenhandlung des Romans erkennbar. Eine Annäherung an die Hauptfigur findet statt, indem verschiedene Quellen vorgestellt werden. Ihre Biografie wird also für den Leser sichtbar rekonstruiert. Schon in diesem Abschnitt ist nicht immer ganz deutlich, wer eigentlich gerade spricht. Diese Vielstimmigkeit bzw. multiperspektivische Brechung ist ein wesentliches Merkmal des gesamten Romans.

## Margas Japanflug, S. 13–15

Margas Niederlage gegen eine Konkurrentin

Marga erzählt in der Ich-Form von ihrem Flug nach Japan (Tokio). Bei einer Zwischenlandung in China sei ihr klar geworden, dass ihre Konkurrentin Amy Johnson[3] schon vor ihr das Ziel erreicht hat. Sie habe sich ähnlich enttäuscht gefühlt wie der Brite Robert Falcon Scott[4], der beim Rennen um den Südpol dem Norweger Roald Amundsen[5] unterlegen war. Sie ist also offenkundig auch ein ergeiziger Mensch.

---

[1] Heinrich Heine (1797–1856), deutscher Dichter
[2] Joseph von Eichendorff (1788–1857), deutscher Schriftsteller
[3] Amy Johnson-Mollison (1903–1941), britische Luftfahrtpionierin
[4] Robert Falcon Scott (1868–1912), britischer Polarforscher
[5] Roald Amundsen (1872–1928), norwegischer Polarforscher

Mit einem Witz schaltet sich die – von Uwe Timm erfundene – Hauptfigur Miller ein. Laut dem Grauen liege dieser ebenfalls auf dem Invalidenfriedhof begraben, allerdings in einem Sammelgrab. Er sei ein Unterhalter, „einer vom fahrenden Volk", der sich noch des Öfteren in die Erzählung einschalten werde.

*Miller, der „Entertainer" (S. 15), schaltet sich ein*

Die Binnenhandlung um Marga von Etzdorf beginnt. Dabei wird aus ihrer Sicht erzählt, aber ihr Bericht wird durch Miller ergänzt und kommentiert. Dieses Verfahren wird sich im Folgenden deutlicher zeigen: Miller korrigiert, ergänzt und ironisiert die Aussagen Margas und anderer Personen. Darüber hinaus wird deutlich, dass sowohl der Graue als auch der Ich-Erzähler als Figuren der Rahmenhandlung bei ihrem Gang über den Friedhof die Stimmen der dort Bestatteten hören können.

*Miller als Beispiel für eine kommentierende Stimme auf dem Friedhof*

## Margas Treffen mit von Dahlem in Hiroshima, S. 16 – 20

Der Graue berichtet von Margas Zwischenlandung in Hiroshima, bei der ihr sofort ein Mann in der „Gruppe der Europäer" (S. 16) aufgefallen sei, der sich im Folgenden als Christian von Dahlem, deutscher Konsul in China, herausstellte.

*Marga in Hiroshima – erste Begegnung mit von Dahlem*

Miller berichtet, wie dieser Marga zum Gewinn ihres Wettflugs gratuliert habe, denn die Konkurrentin Johnson sei anders als Marga nicht allein, sondern mit ihrem Fluglehrer geflogen. Dann habe von Dahlem ihn – Miller – Marga vorgestellt, der damals ein Gastspiel in Japan gegeben habe. Deutlich wird, dass Miller Marga wegen ihrer Pilotenkünste sogleich bewundert hat, ja sich in die auf ihn selbstsicher, lebenszugewandt und mutig wirkende Frau verliebt hat. Seine Bewunderung bringt er mit ungewöhnlichen, widersprüchlichen Bildern zum Ausdruck: Marga sei „wie ein lärmender Engel vom Himmel" gekommen, von dem „eine erstaunliche Anziehung [...] und gleichermaßen etwas Unbeschwertes, Leichtes" (S. 18) ausgegangen sei.

*Miller verliebt sich in Marga*

Marga von Etzdorf (2. v. l.) bei ihrer Ankunft in Tokio 1931

Von Dahlem dagegen habe Margas Fehler bei der Landung süffisant kommentiert.

**Von Dahlem bietet Marga eine Unterkunft an**

Weil alle Unterkünfte in der Stadt ausgebucht gewesen seien, habe von Dahlem Marga angeboten, bei ihm zu wohnen, was diese angenommen habe. Laut Marga, die den Erzählfaden übernimmt, hat von Dahlems Wohnung bei einem befreundeten Japaner nur aus einem Raum bestanden, den von Dahlem mittels eines Vorhanges abgetrennt habe. Miller behauptet, dass es ihr bestimmt „nicht so unangenehm" (S. 20) gewesen sei, mit von Dahlem in einem Raum zu schlafen.

**Von Dahlem vervollständigt die Dreieckskonstellation**

Mit von Dahlem wird die nächste Hauptfigur der Binnenhandlung eingeführt. Eine Dreieckskonstellation deutet sich an: Miller verliebt sich in Marga, die seine Gefühle aber nicht in gleicher Weise erwidert. Millers Kommentare lassen den Leser erahnen, dass sich zwischen ihr und von Dahlem eine Beziehung entwickeln könnte. Letzterer hat keine eigene Stimme. Er bleibt das ganze Buch über eine rätselhafte Person.

## Ein Dreiecksverhältnis (Anfang der 1930er-Jahre)

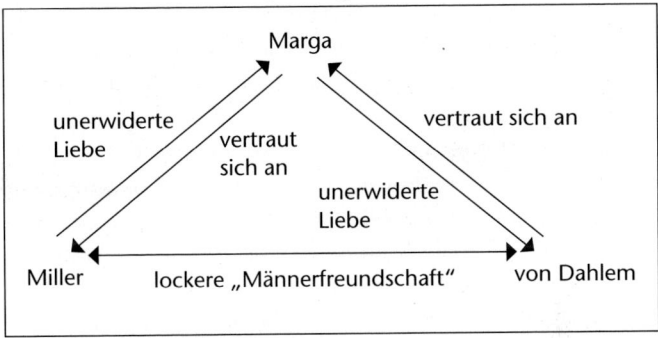

## Marga und von Dahlem kommen sich in Hiroshima näher, S. 20–27

Marga berichtet, dass in dem Raum, den sie sich und von Dahlem geteilt haben, ein langer Vorhang aufgespannt wurde. Das Licht von Petroleumlampen habe dafür gesorgt, dass die Umrisse auf der anderen Seite als Schatten zu erkennen gewesen sind. Je näher am Vorhang ein Gegenstand gewesen sei, desto deutlicher seien seine Konturen zu erkennen gewesen. Dieses Motiv des Wechselspiels von Licht und Schatten ist für die Deutung des Romans wichtig. Damit wird auf die Besonderheiten des menschlichen Wahrnehmungs- und Erkenntnisprozesses verwiesen.

*Der Vorhang – Motiv des Wechselspiels von Licht und Schatten*

Zu Margas Überraschung habe sich herausgestellt, dass von Dahlem im Ersten Weltkrieg Jagdflieger gewesen ist. Offenbar ist ihr dabei auch bewusst geworden, dass er ihren Fehler bei der Landung bemerkt haben musste.

*Von Dahlems Vergangenheit als Jagdflieger*

Von Dahlem habe ihr im Laufe des Gesprächs eine Zigarette angeboten und ihr dabei sein Etui gegeben. Dabei handelt es sich um das Etui, das der Graue dem Ich-Erzähler am Anfang des Romans gezeigt hat. Damit deutet sich der Stellenwert des Etuis als Dingsymbol, das die unterschiedlichen Figuren verbindet, an. Auf Margas Frage nach

Das Zigaretten-
etui – Dingsymbol

dem Splitter in dem Etui habe von Dahlem lediglich geantwortet, dieser sei ein „Andenken" (S. 22) an einen Luftkampf. Der Austausch mit von Dahlem wird von Marga als
positiv wahrgenommen: Ihr habe es gefallen, seine Stimme
zu hören, aber auch sein Äußeres und seine auf sie ameri-
kanisch wirkende Lockerheit hätten sie angezogen.

Der Amerikaner
als Kindheits-
erinnerung

Angeregt durch von Dahlem erinnert sie sich daran, dass
auf dem Gut der Großeltern einmal ein junger, wohlhaben-
der und selbstbewusster Amerikaner zu Gast gewesen sei,
dessen weltläufige, aber lockere Art ihr als Teenager sehr
imponiert habe. Seinetwegen habe sie das Rauchen begonnen und dabei seine Gestik imitiert. Die Gegenwart von
Dahlems bringt Marga also dazu, an ihren Jugendschwarm
zurückzudenken. Dies lässt den Schluss zu, dass Marga in
von Dahlem eine Verkörperung des Amerikaners sieht.

Von Dahlems
Entschluss, das
Fliegen zu lernen

Auf Margas Frage, warum von Dahlem zu fliegen begonnen habe, habe dieser nach langem Zögern geantwortet,
dass er als Soldat im Ersten Weltkrieg den Schützengräben
habe entfliehen wollen. Über seiner Stellung kreisende
Flugzeuge hätten sein Interesse geweckt, die höhere Über-
lebenswahrscheinlichkeit sei aber kein ausschlaggebender
Grund gewesen. „Maschinen und Motoren" (S. 25) hätten
ihn nicht interessiert, sein Überleben sei nicht seinem Können, sondern dem Zufall zu verdanken. Als Infanterist habe
er schlechte Chancen gehabt, ausgewählt zu werden. Nur
weil er bei der Musterung einen Kopfstand gemacht habe,
sei er schließlich genommen worden. Deutlich wird, dass
es sich bei von Dahlem um einen unkonventionellen Mann
handelt, für den Fliegen aufgrund seiner Kriegserlebnisse
einen anderen Stellenwert hat als für Marga.

Marga fühlt sich
zu von Dahlem
hingezogen

Von Dahlems unaufgeregtes und selbstironisches Reden
habe Marga für ihn eingenommen, seine aus dem Dunkeln
kommende Stimme habe sie dazu gebracht, sich ihm zu
öffnen. Marga hebt hervor, sie habe den „schattenhaften

Umriss des sich im Dunklen verlierenden Paravents[1]"
(S. 26) mit einer Berglandschaft und einem auf einen Büffel
reitenden Alten wahrgenommen. Offensichtlich bezieht
sich das zu Anfang der Handlung beschriebene zweite Bild[2]
auf diesen Raumteiler. Danach gibt sie einen verrätselten
Ausspruch von Dahlems wieder, wonach die Dinge nicht
im hellen Licht, sondern in der Dämmerung „sie selbst"
(S. 26) würden, im Dunkeln aber ohne Interesse und damit
nichts seien.

Margas Bericht ist aus mehreren Gründen aufschlussreich.
Deutlich wird, wie stark von Dahlem sie beeindruckt. Dieser ist zwar wie sie ein Flieger, was ihn attraktiver wirken
lässt als Miller, aber es klingt an, dass sein Verhältnis zur
Fliegerei sich von ihrem unterscheidet. Klar wird, dass der
Titel „Halbschatten" mit der besonderen Gesprächssituation in Verbindung steht, die sich durch den gesamten
Roman zieht und dessen Gerüst bildet: Das betrifft zunächst
von Dahlem und Marga, die sich gegenseitig nur als schat-
tenhafte Umrisse hinter dem Paravent wahrnehmen, die
sich aber über ihre Erzählungen einander öffnen oder
„erhellen". Für den Roman als Ganzen gilt: Unterschiedliche Perspektiven führen zu unterschiedlichen Wahrneh-
mungen. Im Halbschatten gewinnen die Gegenstände an
Kontur und werden für den Betrachter erkennbar, während
zu grelles Licht und zu große Dunkelheit die Wahrnehmung beeinträchtigen.

*Eine außer-
gewöhnliche
Gesprächssituation
im Halbschatten*

## Weitere Stimmen auf dem Friedhof, S. 27–32

Miller erwähnt von Dahlems auffallende körperliche Attraktivität. Damit stellt er einen Kontrast her zu den schwärme-
rischen und vergeistigten Ausführungen Margas. Womöglich beruhte von Dahlems Anziehungskraft auch auf
seinem guten Aussehen.

*Miller lobt von
Dahlems äußere
Erscheinung*

---

[1] Raumteiler
[2] Vgl. S. 12 in diesem Band.

Jagdflieger Udet
mischt sich ein

Millers sexuelle Anspielungen bringen einen anderen Toten dazu, sich kalauernd, also mit eher schlichtem Wortwitz einzumischen. Dabei handelt es sich um den berühmten Flieger Ernst Udet, der als Kontrastfigur zu Marga eingeführt wird. In einem Gespräch zwischen Ich-Erzähler und dem Grauen wird dieser kurz charakterisiert: Udet sei schon im Ersten Weltkrieg Pilot gewesen, in der Zwischenkriegszeit als Kunstflieger berühmt geworden und im Nationalsozialismus hoher Offizier der Luftwaffe geworden, bevor er Selbstmord begangen habe. Sein Spitzname „Saufaus" (S. 28) verweist auf seine Lebenslust. In diesem Punkt unterscheidet Udet sich von Marga, in einigen anderen Punkten wie dem problematischen Verhältnis zum Nationalsozialismus werden sich im Verlauf der Handlung Parallelen zu Marga ergeben.

SA-Sturmführer
Maikowskis These
zu Margas
Absichten =
Japan

Auf die vermutlich vom Ich-Erzähler gestellte Frage hin, was Marga in Japan gewollt habe (vgl. S. 28), behauptet eine weitere Stimme, die des SA-Sturmführers Hans Eberhard Maikowski (1908 – 1933), sie sei „für Deutschland" (S. 28) geflogen. Laut dem Grauen liegt dieser „Blutzeuge"[1] (S. 29) ebenfalls auf dem Invalidenfriedhof begraben. Seine Äußerung verweist auf die Versuche der Nationalsozialisten, Marga politisch zu vereinnahmen.

Der Graue
wundert sich über
den Ich-Erzähler

Der Graue wundert sich über die fundierten Geschichtskenntnisse des 1940 geborenen Ich-Erzählers, auch wenn er dessen Wissen abschätzig als „Ballast" (S. 30) bezeichnet. Die meisten der von ihm Geführten dagegen seien angesichts des Friedhofs und seiner Geschichte „ratlos" (S. 30). Damit spielt der Graue auf den Prozess allgemeiner Verdrängung und Verleugnung an, der nach der Katastrophe des Nationalsozialismus in Deutschland stattgefunden hat.

---

[1] Begriff der NS-Propaganda. Damit sollten Anhänger Adolf Hitlers, die im Zusammenhang mit dem Aufstieg der Nationalsozialisten zur Macht ums Leben gekommen waren, heroisiert werden.

Der Flieger Udet, der sich in diesem Abschnitt erneut als Frauenheld und Lebemann herausstellt, lobt, anknüpfend an einen Einwurf Millers, Margas Flugkünste, ihr technisches Verständnis, ihr handwerkliches Geschick und ihre Selbstständigkeit. Sie habe jedoch etwas „Distanziertes" und „Jungfräuliches" (S. 31) gehabt. Seine Versuche, bei Marga zu landen, seien fehlgeschlagen. Dass er nur undeutlich zu vernehmen ist, liege daran, dass er sich – wie Marga – in den Kopf geschossen hat.

Udet lobt Marga für ihr fliegerisches Können

Aus der Erzählung des Grauen wird klar, dass Udet Selbstmord begangen hat, weil er „[v]erbittert über seine braunen Spießgesellen" (S. 32) gewesen ist, während die NS-Propaganda behauptet habe, er sei mit dem Flugzeug abgestürzt. Damit lassen sich Parallelen zum Leben Margas ziehen. Auch sie begeht Selbstmord, auch ihr Suizid könnte mit ihrer Korrumpierung durch den Nationalsozialismus in Verbindung stehen.

Udets Selbstmord

Im Folgenden hören der Graue und der Ich-Erzähler ein Lied von Mozart (1756–1791), das auf einer Geige gespielt wird. Dies bringt Miller dazu, von einer Abendgesellschaft zu sprechen, bei der er geladen gewesen sei und auf der Heydrich[1] Mozart gespielt habe.

Das Geigenspiel

In diesem Abschnitt wird ein wesentliches Kompositionsprinzip des Romans besonders deutlich. Mehr und mehr der auf dem Friedhof Bestatteten schalten sich in die Handlung ein und kommentieren die Äußerungen anderer. Ihr Auftreten kann einmalig sein oder sich wiederholen. Sie reagieren auf bestimmte Signale, hier z. B. auf die Erwähnung Mozarts. Dadurch erhält der Roman einen assoziativen Charakter und ähnelt einem Oratorium – so nennt man ein opernartiges Musikwerk ohne szenische Handlung mit mehreren Sprechern. Der Graue liefert im Austausch mit dem Ich-Erzähler Informationen über die Biografien der Redner. Er wirkt damit wie der Wächter des Totenreichs.

Stimmengewirr als Kompositionsprinzip

---

[1] Reinhard Heydrich (1904–1942), Leiter des Reichssicherheitshauptamtes und einer der führenden Nationalsozialisten

**Beispiel für die motivische Verknüpfung der einzelnen Stimmen (Beispiel S. 32–34)**

Der Graue und der Ich-Erzähler hören in der Gegenwart eine Person auf der **Geige Mozart spielen**.

↓

Miller erzählt von einer Abendgesellschaft während der NS-Zeit, auf der **Heydrich Mozart** gespielt hat. Dieser wird „**Erfinder der Gegnerkartei**" (S. 33) genannt (von Miller oder dem Grauen).

↓

Heydrich erzählt von den Anfängen der **Gegnerkartei** als „Gewissen der Partei" (S. 33).

→ **Signalwörter oder bestimmte Handlungen veranlassen die einzelnen Toten, sich in die Handlung einzuschalten. So entsteht eine motivische Verknüpfung.**

### Heydrichs erster Auftritt, S. 33–39

Der „Erfinder der Gegnerkartei"

Der Chef des Sicherheitsdienstes (SD) der NSDAP, Reinhard Heydrich, wird von Miller als der „Erfinder der Gegnerkartei" (S. 33) eingeführt. Im Folgenden erzählt Heydrich mit „fistelnde[r] Stimme" (S. 33) von den Anfängen des Überwachungsstaates der NSDAP unter seiner Leitung. Wie bei Marga handelt es sich bei Heydrich um eine historische Figurr: Er steht als führender NS-Funktionär für die Schrecken der NS-Herrschaft im Allgemeinen und für die Judenvernichtung im Besonderen.

Die Irritation des Ich-Erzählers über das Stimmengewirr

Der Ich-Erzähler fragt wegen der häufigen Unterbrechungen, was dieses „Stimmengewirr" (S. 34) mit Margas Schicksal zu tun habe, worauf ihn der Graue, der nach Art eines allwissenden Erzählers offensichtlich die Zusammenhänge kennt, um „Geduld" (S. 34) bittet.

Dann erkundigt sich der Ich-Erzähler nach den Ursachen für ein vernehmbar stampfendes Geräusch. Der Graue zeigt ihm hierauf eine Engelsstatue, die durch Granateinschlag beschädigt worden sei und die ein Symbol dieses besonderen Friedhofs sei. Das Stampfen und Engel werden im Roman leitmotivisch verwendet, um Verbindungen zwischen den Handlungssträngen herzustellen und zusätzliche Deutungsmöglichkeiten zu erschließen. Während das Stampfen auf das Militärische bzw. den Krieg verweist, stehen die Engel für das Fliegen; außerdem sind sie Boten und nehmen eine Mittlerstellung zwischen Gott und Welt ein. Beschädigte Engel könnten also eine Störung der Harmonie von Gott und Welt bedeuten. Diese religiöse Dimension wird vom Grauen immer wieder ins Spiel gebracht.

*Das Stampfen und Engel – Leitmotive*

Miller berichtet, wie er einst auf einem Empfang der NS-Größe Göring[1] aufgefordert worden sei, Vertreter der NS-Führungselite zu imitieren, was er mit großem Erfolg getan habe. Doch als er gerade Heydrich, den „Fürst[en] der Finsternis" (S. 36), nachgeahmt habe, sei dieser eingetreten, sodass der ganzen Gesellschaft das Lachen im Hals stecken geblieben sei. Voller Angst habe Miller Göring gebeten, ihn zu beschützen, woraufhin dieser ihn beim Fronttheater in Russland untergebracht habe.

*Miller gefährdet sich durch eine Imitation Heydrichs*

Erneut fragt der Ich-Erzähler den Grauen nach den Ursachen für das von ihm wahrgenommene Stampfgeräusch. Darauf schaltet sich Miller ein und erzählt, dass vor einem seiner Auftritte an der Front die anwesenden – sexuell ausgehungerten – Soldaten mit ihren „Knobelbechern"[2] (S. 38) auf den Boden gestampft hätten, um noch einmal die Tänzerinnen zu sehen, die vor ihm aufgetreten seien. Miller zitiert einige der derben Witze aus seiner Fronttheaterzeit, was empörte Reaktionen namenloser Toter auf dem Friedhof hervorruft.

*Das Stampfen*

---

[1] Hermann Göring (1893–1946), führender Nationalsozialist und Oberbefehlshaber der Luftwaffe
[2] Soldatenstiefel

Eigenständige
Handlung um
Miller

Es zeigt sich, dass Miller nicht nur die Aussagen Margas kommentiert bzw. relativiert und dabei dem Geschehen eine derbe und humoristische Stimme hinzufügt. Darüber hinaus entwickelt sich eine eigene „Miller-Handlung", die die Zeit bis 1945 abdeckt. Mit diesem erzähltechnischen Kniff gelingt es Timm, auch die NS-Zeit in die Handlung zu integrieren, obwohl die historische Marga bereits 1933 Selbstmord begangen hat. Der NS-Verbrecher Heydrich erhält dabei eine eigene Stimme, wobei seine menschenverachtende Ideologie deutlich wird.

## Fortführung des Gesprächs Margas mit von Dahlem, S. 39–51

Von Dahlem
bringt Marga
zum Reden

Marga erzählt erneut von der schicksalhaften Nacht in dem in doppelter Hinsicht geteilten Raum in Hiroshima. Von Dahlem, ein „guter Zuhörer" (S. 40), habe sie dazu gebracht, sich zu öffnen. Beide hätten sich über Erlebnisse ausgetauscht, bei denen das Glücksgefühl beim Fliegen besonders eindrucksvoll gewesen sei. Bei ihr sei dieses Gefühl entstanden, als sie während eines Spanienflugs in einen prächtigen Regenbogen geflogen sei.

Margas
Spanienflug

Marga schildert von Dahlem den Flug, der sie in mehreren Etappen nach Spanien geführt habe. Über der Kleinstadt Belchite sei es wegen starker Winde zu Treibstoffmangel gekommen, sodass sie dort habe notlanden müssen, wobei sie ihr Flugzeug beschädigt habe. Derartige Probleme ziehen sich durch ihre gesamte Pilotenkarriere. Marga beschreibt anschließend das Aufsehen, das ihre Ankunft in der kleinen Stadt erregt habe. Sie sei im einzigen Hotel der Stadt untergebracht und danach in der Stadt herumgeführt worden. Weil sie ihre Sachen schon nach Madrid vorgeschickt hätte, sei sie gezwungen gewesen, sich Waschzeug zu kaufen. Aufgrund von Verständigungsproblemen habe sie schließlich einen Kinderlatz als Waschlappen erworben. Ihre Schilderung dieses Missverständnisses und weiterer skurriler Ereignisse habe von Dahlem sichtlich amüsiert.

Weil sich Marga an dieser Stelle ihrer Schilderungen „jedes Mal" unterbricht, übernimmt der Graue. Marga sei in den „örtlichen Klub der Honoratioren" (S. 46) zum Abendessen eingeladen worden, wobei die Verständigung nur mithilfe eines Journalisten habe erfolgen können. Marga selbst gibt einige Fragen der anwesenden Herren wieder. Besonders die naiv-philosophische Frage, ob wegen der hohen Geschwindigkeit des Fliegens nicht immer „etwas von einem in dem vorherigen Ort" (S. 47) zurückbleibe, habe von Dahlems Interesse erregt, der dieser Sichtweise beigepflichtet habe. Deutlich wird sein Interesse an ungewöhnlichen Betrachtungsweisen und Anekdoten, die zum Nachdenken anregen.

Das Abendessen mit den spanischen Herren

Spiel von Licht und Schatten in traditionellen japanischen Räumen

Marga berichtet, dass von Dahlem in einer Gesprächspause aufgestanden sei und ihr sein Zigarettenetui gegeben habe. Übergroß habe sich sein Schatten auf dem Vorhang abgezeichnet. Er habe dabei von der Bedeutung des Schattens in der japanischen Kultur gesprochen. Schatten erzeugten die „Ahnung einer spirituellen Welt" (S. 48). Anders als Räume in Europa, die möglichst hell sein sollten,

Von Dahlem spricht über das Wesen des Schattens

spielten die Räume in Japan mit dem Schatten. Schatten könnten das Dunkle sichtbar machen, das von einer „ewig unveränderlichen Stille beherrscht" (S. 49) sei.

*Marga schmilzt dahin*

Marga bekennt, wie von Dahlems Ausführungen sie innerlich berührt hätten. Seine Stimme habe sie geradezu körperlich wahrgenommen. Dafür gebraucht sie das ungewöhnliche Bild vom „Hörtasten" (S. 49), mit dem zum einen unterschiedliche Sinne verbunden werden, zum anderen betont wird, wie sich die beiden schrittweise über das Erzählen angenähert haben. Marga fühlt sich von ihrem Gegenüber also verstanden.

*Millers Kommentar*

Laut Miller, der die beiden am nächsten Tag gesehen hat, hat diese Nacht Marga „verwandelt" (S. 50). Sie habe verletzlicher und unsicherer als vorher gewirkt. Seiner Beobachtung nach hätten die beiden nicht miteinander geschlafen. Margas Zuneigung von Dahlem gegenüber sei größer gewesen als umgekehrt. Dies betont er mit der Formulierung, Marga sei von Dahlem „zugeflogen" (S. 51). Deutlich wird, dass Miller sich durch Margas Entscheidung herabgesetzt fühlt.

Der Abschnitt zeigt, dass Marga sich immer stärker zu von Dahlem hingezogen fühlt, von dem sie sich verstanden glaubt und dem sie, die sonst Zurückhaltende, sich öffnet. Die beiden Symbole – der trennende Vorhang im gemeinsam geteilten Raum und das Zigarettenetui – werden aufgegriffen. Was von Dahlem betrifft, so schweigt er meistens, wie schon im ersten Teil des Gesprächs. Er bleibt eine schwer fassbare Person, auch wenn er erneut über das Wesen des Schattens philosophiert und damit der Handlung eine zusätzliche Tiefendimension verleiht.

**Der geteilte Raum in Hiroshima**

---

**Situation**
- „geteilter" Raum in zweierlei Hinsicht
- schwache Beleuchtung, Schatten, zunehmende Verdunklung
- keine Beobachtung des anderen
- Berührungen schwer möglich (Zigarettenetui)
- trotzdem Atmosphäre der Geborgenheit

**RAUMTEILER**

| Marga | Von Dahlem |
|---|---|
| • spürt Anziehung zu von Dahlem<br>• schüchternes Sichverlieben | • Gefühle bleiben im Unklaren<br>• Ablehnung des Flugangebots |

→ Über das Erzählen kommen sich die beiden näher.
→ Schon zu Beginn der Nacht wird die **Asymmetrie der Beziehung erkennbar.**
→ Der Leser ahnt, dass Marga sich **unglücklich verlieben wird.**

---

## Marga im Gespräch mit Miller und von Dahlem, S. 51–55

Marga erzählt, dass sie Millers Gefühle für sie registriert, aber nicht erwidert habe. Es zeigt sich, dass sie ihn als Freund schätzt, weil er verständnisvoll ist und nicht urteilt. Bei einem Abendessen in Tokio habe er sie in Anwesenheit von Dahlems nach den Motiven für ihren Wunsch, Fliegerin zu werden, gefragt. Sie habe daraufhin die Anekdote mit dem jungen Amerikaner, die sie zuvor in Teilen schon von Dahlem erzählt habe, vollendet. Wie auch im ersten Teil ihrer Erzählung wird deutlich, wie sehr Marga von der weltläufigen und selbstironischen Art des Amerikaners

*Margas Gefühle für Miller*

beeindruckt gewesen ist (vgl. S. 52 – 54). Der Eindruck verstärkt sich, dass sie in von Dahlem gewissermaßen eine
Wiederholung ihres Jugendschwarms sieht.

Das Fliegen als
Flucht vor dem
Alltag?

Im Weiteren schwärmt Marga davon, wie es sei, beim Fliegen der Erde zu entfliehen (vgl. S. 54), was man als Hinweis
auf eine innere Leere oder gar Todessehnsucht auffassen
kann. Miller lässt diese Gedanken nicht zu und lobt ihren
Mut, ihre Willensstärke und ihr Durchhaltevermögen angesichts von Niederlagen. Dreimal sei sie zu Interkontinental-
flügen aufgebrochen, wobei sich beim letzten Flug in
Syrien ein nicht näher umrissenes „Unglück" (S. 55) ereig-
net habe. Marga schaltet sich korrigierend ein und spricht
von einem bei der Landung begangenen „Fehler" (S. 55).

Der erste Teil des
Berichts des
deutschen
Konsuls

Motivisch daran anknüpfend folgt in kursiver Schrift der
erste Teil eines Berichts, den der damalige deutsche Konsul
im syrischen Beirut nach Margas Freitod verfasst hat. Der
Graue zeigt diesen dem Ich-Erzähler bzw. liest daraus vor.
Darin wird in sachlichem Ton von Margas fehlerhafter Landung und den daraus entstandenen Schäden am Flugzeug
berichtet. Marga selbst sei unverletzt geblieben, von einem
französischen Offizier[1] sei ihr Quartier angeboten worden.
Sie habe einen Teil ihres Gepäcks mit aus dem Flugzeug
genommen, darunter ein Leder-Etui, in dem der Franzose
ein Jagdgewehr vermutet habe. Im folgenden Gespräch
wird Margas beschwichtigende Erklärung, sie habe „sich
eben über die Windrichtung geirrt" (S. 56), in Zweifel
gezogen. Eine Stimme, wohl Miller, legt nahe, dass der
Anblick eines außergewöhnlichen Wolkenbandes und die
Erinnerung an entsprechende Gespräche mit von Dahlem
in jener besonderen Nacht sie abgelenkt haben.

---

[1] Nach dem Zusammenbruch des Osmanischen Reichs 1923 wurde
das heutige Syrien im Auftrag des Völkerbundes von Frankreich ver-
waltet.

Timm verbindet damit Dokumentation mit Fiktion. Vor dem Hintergrund des um Objektivität bemühten Berichts des Auswertigen Amtes werden unterschiedliche Bewertungen von Margas seelischem Zustand bzw. ihrem Charakter geäußert.

*Dokumentation und Fiktion*

## Zweiter Weltkrieg: Miller an der russischen Front, S. 57–65

Ein namenloser toter Dichter, der laut dem Grauen bei der Schlacht um Berlin „verschwunden" (S. 57) sei, schaltet sich ein und erzählt eine Anekdote über Millers Aufenthalt an der russischen Front.

*Der Dichter*

Sein Bericht setzt mit dem Leitmotiv stampfender Soldatenstiefel vor Millers Auftritt ein. Einige Frauen und Herren von Millers Theatergruppe hätten mit Offizieren im Offizierskasino gesessen. Unter den Anwesenden habe sich auch eine Stabshelferin, Fräulein Erpenbeck, befunden, auf die alle „scharf" (S. 59) gewesen seien. Miller, der von dem Dichter als wortgewandter „Possenreißer" (S. 60) bewundert wird, habe die Runde mit Witzen unterhalten und dabei allein durch die Art und Weise, wie er bestimmte Wörter betont habe, über den Nationalsozialismus gespottet.

*Fräulein Erpenbeck, die „Unberührbare" (S. 59)*

Die Erpenbeck habe ihn gefragt, wie er das Zaubern erlernt habe. Miller habe geantwortet, dass er das Zaubern von Larette gelernt habe. Dieser sei im Ersten Weltkrieg in russische Kriegsgefangenschaft geraten. Dort habe er einem ungewöhnlich intelligenten Raben Kunststücke beigebracht, mit deren Hilfe ihm die Flucht aus dem Lager gelungen sei. Er habe sich nach Wien durchgeschlagen und sei dort und später in Amsterdam dank des Raben berühmt geworden. Die Anwesenden seien von dieser Geschichte begeistert gewesen und haben mehr über den

*Millers Erzählung vom jüdischen Zauberer Larette*

Zauberer wissen wollen. Miller habe lakonisch erwidert, dass diesem später zwei Dinge zum Verhängnis geworden seien, er sei nämlich „Jude und zuletzt fast taub" (S. 62) gewesen. Aufgrund seiner Taubheit habe er einen englischen Sender[1] nur sehr laut hören können, sodass ihn schließlich ein Nachbar denunziert habe, woraufhin sich Larette erschossen habe. Als einer der anwesenden Offiziere sich scheinheilig von dieser Art von Antisemitismus distanziert habe, habe Miller ihn gebeten, einen Haufen Papierbuchstaben zu einem sinnvollen Wort zu ordnen, was dem Offizier nicht gelungen sei. Miller habe deswegen selbst das Lösungswort „Nächstenliebe" gebildet und den Offizier gebeten, dieses laut vorzulesen, was einem Affront gleichgekommen sei. Als Miller gegangen sei, sei ihm das Fräulein Erpenbeck gefolgt, sehr zum Unverständnis der übrigen Anwesenden.

**Entfaltung der Handlungsstränge** Miller gewinnt nicht nur als Kommentator, sondern auch als eigenständige Figur an Kontur. Die Miller-Handlung entfaltet sich weiter, wodurch auch die Zeit nach Margas Selbstmord zum Teil der Romanhandlung wird. Themen wie Judenverfolgung, Arisierung, Denunziation und das deutsche „Herrenmenschentum" werden eingebunden. Miller wird als Schelm, der den anderen den Spiegel vorhält, gezeigt. Über das Fräulein Erpenbeck werden wiederum Verbindungen zur Heydrich-Handlung hergestellt.

## Stimmengewirr auf dem Friedhof, S. 65–68

**Der ruhelose Hauptmann Berthold** Im folgenden Abschnitt rückt der Friedhof als Handlungsort stärker in den Fokus. Ein 1920 ermordeter Flieger-Hauptmann namens Berthold macht sich bemerkbar, eine ruhelose Gestalt irrt auf dem Friedhof umher und klagt über die Kälte. Laut dem Grauen wird dieser Mann – ein

---

[1] Das Hören von ausländischen „Feindsendern" war im Zweiten Weltkrieg streng verboten.

„Jazzpianist, Kritiker und Redner" (S. 65) – auf dem Friedhof keine Ruhe mehr finden können.[1]

Der Ich-Erzähler berichtet dem Grauen von einem Traum, in
dem ihm seine tote Schwester erschienen sei. Sie habe ihm
eröffnet, dass die vielen Stimmen, die man im Laufe des
Lebens hört, den Kopf schwer machen. Diese würden sich
langsam verlieren und eine Stille würde einsetzen. Damit
wird wieder der Gegensatz zwischen der Stille und dem
Stimmengewirr betont, der die Handlung prägt. Unvermittelt zeigt der Graue auf einen Engel, dem eine Granate
einen Arm abgerissen habe. Diese Statue würde das Grab
des Generals von Groß[2] bewachen, der beim Boxeraufstand
in China[3] ums Leben gekommen sei (vgl. S. 67).

Die erwähnten Toten verweisen auf die in der jüngeren
deutschen Geschichte verübten Grausamkeiten, zum einen
infolge des Imperialismus[4], zum anderen infolge der instabi-
len politischen Situation nach dem Ersten Weltkrieg. Die
Schatten der Vergangenheit werden also auf diesem Friedhof lebendig. Dazu scheint es zu passen, dass der Friedhof
selbst infolge der Kriegseinwirkungen in Trümmern lag und
teilweise noch liegt, was das Leitmotiv der beschädigten
Engel unterstreicht. Auf der anderen Seite hat mit dem kata-
strophalen Zusammenbruch des deutschen Nationalismus
auch dieser aufgelöste Friedhof seine Funktion verloren. Der
offensichtlich erst vor Kurzem gestorbener Jazzpianist kann
hier keine Ruhe finden.

*Marginalien:*
Der erste Traum des Ich-Erzählers

Gegensatz: Stille und Stimmen- gewirr

Die Schatten der Vergangenheit

Leitmotiv: beschädigter Engel

---

[1] Es handelt sich um Thomas Linde, eine Figur aus Timms Roman „Rot",
der in der Gegenwart spielt. Da der Friedhof nach dem Zweiten Weltkrieg aufgelassen worden ist, kann Linde dort nicht begraben werden.

[2] Karl Julius von Groß (1850 – 1901), als preußischer General verant-
wortlicher Armee-Oberkommandierender in Ostasien

[3] chinesischer Aufstand gegen die imperialistischen Mächte (1900/01),
der unter anderem mithilfe deutscher Truppen niedergeschlagen
wurde

[4] Unter „Imperialismus" versteht man den zielstrebigen und systematischen Ausbau des wirtschaftlichen, militärischen, politischen und kulturellen Macht- und Einflussbereichs eines Staates in der Welt.

## Marga erzählt von Dahlem von der Fliegerei, S. 68–73

Marga spricht davon, dass sie von Dahlem in Japan von den großen finanziellen Anstrengungen erzählt hat, die sie unternommen habe, um ihren Traum vom Fliegen zu verwirklichen. Sie habe dabei auch von ihrem Flugzeug geschwärmt: Besonders das Abheben und das Eintauchen in die Wolken hätten es ihr angetan. Über das Reiten von Pferden macht sie sich dagegen lustig, womöglich um von Dahlem, dem ehemaligen Infanteristen, zu gefallen.

Im Folgenden schildert Marga von Dahlem ihre Bemühungen, ihre Flugleidenschaft zu finanzieren. So habe sie einmal einen Geschäftsmann von Berlin nach Wien geflogen und dabei im Dunkeln nahezu die Orientierung verloren, sei aber letztlich sicher in Wien gelandet. Später, als Kopilotin bei der Lufthansa, sei sie diese Strecke auch geflogen, allerdings würde sie das tiefe Fliegen im „freien Cockpit" (S. 72) bevorzugen. Dies ist ein erneuter Hinweis auf ihren Freiheitsdrang.

Von Dahlem habe ihr gegenüber bekannt, ihre Leidenschaft nicht zu teilen, er habe nur dem Schützengraben entfliehen wollen. Am liebsten würde er sich zu Fuß in Städten bewegen.

Das Gespräch zwischen Marga und von Dahlem geht in eine weitere Runde. Die Ereignisse jener Nacht bilden offensichtlich eine wichtige Klammer für die Handlungsstränge des Romans. Sowohl im Gesprächsverhalten als auch in der Einstellung gegenüber dem Fliegen werden dabei Unterschiede zwischen den beiden Figuren sichtbar.

## Die Bedeutung des Fliegens

| Marga | Von Dahlem |
|---|---|
| ● Erfahrung der Schwere-losigkeit<br>● Erleben von Freiheit<br>● Verkürzung von Distan-zen, Völkerverständigung<br>● Ästhetik der Technik, technisches Geschick<br>● Beispiel für die Tatkraft und den Erfindungsgeist der Menschen<br>● Marga als romantische „Wolkensammlerin" (S. 227) | ● Flugzeug als Fortbewe-gungsmittel<br>● Mittel, dem Schützengra-ben zu entfliehen<br>● Luftwaffe als „ritterliche" Waffengattung<br>● Flugzeug als Kampfgerät im Weltkrieg<br>● Fliegerei als Basis vieler seiner Tätigkeiten<br>● keine Interesse an Maschinen und Motoren |
| **➔ Von Dahlem teilt Margas romantischen Blick auf die Fliegerei nicht.** | |

## Der Friedhof als Symbolort, S. 73–79

Der Graue reflektiert über das Besondere des Invaliden-friedhofs im Zentrum der Stadt, auf dem in den letzten Kriegstagen noch schwere Kampfhandlungen stattgefun-den haben und ermordete Widerstandskämpfer beigesetzt worden sind. Damit bietet der Graue dem Leser wieder einmal Hinweise zur Deutung des Werkes. Er stellt sich die Frage, ob es Zufall sei, dass dieser Friedhof, auf dem so viele Militärs bestattet worden sind, zerstört und später durch die Berliner Mauer getrennt worden ist. Außerdem hebt er hervor, dass Marga als einzige Frau an diesem „Ort der Gewalt" (S. 74) liegt.

*Zerstörung des Friedhofs als Folge der deutschen Geschichte?*

Marga wiederholt eine Passage ihres Berichts vom Wien-flug, anlässlich derer der Graue und Miller Margas poeti-sche Fähigkeiten kommentieren. Tatsächlich unterscheidet

*Marga wiederholt sich*

sich Margas Sprache stark von den übrigen Stimmen, die vielfach vom Militär- bzw. NS-Jargon geprägt sind.

*Das Wesen der Stimmen – These: Gut und Böse lassen sich nicht unterscheiden*

Nach einem japanischen Gedicht erläutert der Graue, dass die Stimmen ihre Erzählungen ständig wiederholten und in einer „ewige[n] Gegenwart" (S. 75) gefangen seien, ohne die Möglichkeit auf Vergebung. Gerade weil sich nichts ändern könne, gebe es auch kein Gut und Böse, die Opfer und ihre Mörder seien „gleich" (S. 75).

*Eine ferne Stimme vom Beginn des deutschen Nationalismus*

Der Ich-Erzähler und der Graue hören schwach die Stimme des Soldaten Friedrich Friesen, Mitglied des berühmten lützowschen Freicorps[1], der zur Zeit der Befreiungskriege gegen Napoleon (1765–1821) gefallen ist, eine Zeit, in der der deutsche Nationalismus stark an Anziehungskraft gewonnen hatte.

*Anspielungen auf den Holocaust*

Beide vernehmen seufzende und klagende Stimmen, die auf Jiddisch[2] sprechen. Laut dem Grauen hat ein Wind aus dem Osten Europas[3] ihre Asche hergeweht, die sich in einem Teil des Friedhofs abgesetzt hat.

*Der Friedhof als Ort lebendiger Vergangenheit*

Erneut wird der Friedhof als Symbolort der deutschen Geschichte vorgestellt, als Schnittpunkt vieler geschichtlicher Linien und als Ort, an dem die Toten keine ewige Ruhe finden können und die Geschichte gegenwärtig wird. Die Stimme Friesens und die der ermordeten Juden markieren Anfänge und Katastrophe des deutschen Nationalismus. Provokant ist die These des Grauen, dass Gut und Böse nicht voneinander unterscheidbar seien. Geht es ihm um eine Relativierung der deutschen Schuld?

## Margas Syrienflug und ihr Selbstmord, S. 79–80

*Der zweite Teil des Berichts des deutschen Konsuls*

Der Graue liest dem Ich-Erzähler die Fortsetzung des Berichts über Margas Selbstmord vor. Nach Aussage des französischen Offiziers hat sie ein Telegramm an „Isobare"

---

[1] preußischer Freiwilligenverband im Kampf gegen die Herrschaft Napoleons

[2] Sprache der Juden, vor allem in Osteuropa

[3] Schauplatz des Holocaust

(S. 79) in Berlin aufgegeben, wonach sie selbst unverletzt, ihre Maschine aber beschädigt sei. Danach habe sie sich allein in ihr Zimmer zurückgezogen und sich mit einer Maschinengewehrpistole erschossen.

Wohl der Graue berichtet, dass in den damaligen Zeitungsmeldungen davon ausgegangen worden ist, sie habe sich mit einer Pistole erschossen. Denn das Mitführen einer Maschinengewehrpistole sei ihr von der vom Völkerbund eingesetzten französischen Mandatsmacht nicht gestattet gewesen. Marga habe also Waffenschmuggel betrieben.

*Politische Brisanz des Selbstmords*

Mit dem Waffenschmuggel Margas nimmt die Handlung eine unerwartete Wendung, ihr Schicksal wird immer stärker mit der deutschen Geschichte verflochten. Ähnlich wie Udet scheint sie vom Nationalsozialismus vereinnahmt worden zu sein.

*Marga und der Nationalsozialismus*

## Von Dahlems und Millers Vergangenheit, S. 81 – 86

Dem Grauen zufolge ist von Dahlem Ende der 1920er-Jahre nach China gegangen, um dort in Zeiten des Bürgerkriegs chinesische Piloten zu trainieren. Waffen seien in dieser Zeit bei den „Warlords"[1] (S. 81) sehr gefragt gewesen. Miller ergänzt den Bericht des Grauen. Er betont, dass von Dahlem lediglich als Vermittler aufgetreten ist. Er habe von Dahlem noch aus Coburg gekannt, wo er selbst 1918, als in Deutschland die Revolution[2] ausgebrochen sei, am Theater tätig gewesen sei.

*Von Dahlem im chinesischen Bürgerkrieg*

Miller berichtet vom Abschuss von Dahlems an der Westfront und dessen Verwundung kurz vor Kriegsende. Ein MG-Projektil habe das Flugzeug durchschlagen und sei unter anderem von einer Ausgabe der „Odyssee"[3]

*Von Dahlem – ein „Habenichts mit guten Manieren" (S. 82)*

---

[1] Kriegsherr, Heeresführer in Zeiten schwacher Staatsmacht
[2] Die sog. „Novemberrevolution" von 1918/19 bewirkte das Ende der Monarchie und die erstmalige Einführung der Demokratie in Deutschland.
[3] Homers antikes Heldenepos über die Irrfahrten des Odysseus nach dem Sieg der Griechen über Troja

abgebremst worden; letztlich sei ein Splitter davon in seinem Zigarettenetui stecken geblieben. Verletzt sei er im November 1918 nach Coburg[1] gekommen, wo der Herzog noch regiert habe. Als dieser mit seiner Gattin aus der Stadt flüchten habe wollen, seien sie von Revolutionären bedroht worden. Durch sein beherztes Eingreifen habe von Dahlem die Lage entspannt. Daraufhin sei er vom Herzog geadelt worden, allerdings sei Deutschland zu diesem Zeitpunkt schon eine Republik gewesen, sodass sich die Frage nach der Gültigkeit des Adelstitels stelle. Aus der Armee entlassen und mittellos sei von Dahlem nach Mexiko gegangen und habe dort Piloten ausgebildet. Später habe er sich geweigert, im mexikanischen Bürgerkrieg Waffen aus den USA einzufliegen, und sei stattdessen als Postflieger nach Alaska gegangen. Ab 1922 habe er in Berlin Jura studiert, danach sei er nach China übergesiedelt, um die nationalchinesischen Piloten zu trainieren, und habe mit Duldung der Reichswehr „alten Weltkriegsschrott" (S. 86) verkauft. Miller bezeichnet ihn als „Snob" (S. 86), aber auch als Kenner asiatischer Kunst.

Von Dahlem, ein zwiespältiger Charakter

Die Figur von Dahlem gewinnt an Kontur. Deutlich wird, dass es sich bei ihm um einen ungewöhnlichen, unsteten Mann gehandelt haben muss, der einerseits mutig und prinzipienfest sein konnte, andererseits aber mit dem Verkauf von unzuverlässigem Kriegsmaterial seinen Lebensunterhalt verdiente. Der Abschnitt zeigt darüber hinaus Timms Interesse an ungewöhnlichen geschichtlichen Situationen und seine Lust, diese erzählerisch auszugestalten.

### Geschichte des Invalidenfriedhofs, S. 86–91

Das Verhör von Oberst Staehle

Der Abschnitt liefert Auszüge des Verhörs des Widerständlers und letzten Kommandanten des Invalidenhauses,

---

[1] Sachsen-Coburg war ein Herzogtum innerhalb des Deutschen Reichs. Die Stadt selbst war Residenzstadt.

Oberst Staehle (1877–1945), dem Kritik an der NS-Führung und das Verstecken einer Jüdin vorgeworfen wird. Ein Hausmeister berichtet vom Brand des Reichssicherheitshauptamtes im April 1945, der zur Zerstörung der von Heydrich angelegten „Gegnerkartei" (S. 88) geführt habe. Dabei sei ihm eine Karteikarte über Miller in die Hände gefallen. Ein Witz über den Führer sei darauf vermerkt und die Anordnung, Miller zu verhaften oder zur Strafe zu versetzen.

*Millers Karteikarte*

Gefallene preußische Soldaten des 18. Jahrhunderts schildern die Brutalität der Schlachten unter König Friedrich II., die viele Todesopfer forderten und andere als Invaliden zurückließen. Der Graue informiert in diesem Zusammenhang über die Kosten, die dem König für den Bau des Invalidenfriedhofs und des Invalidenhauses entstanden seien. Im Gespräch mit dem Ich-Erzähler werden die historischen Leistungen Friedrichs diskutiert, der sich als ersten Diener des Staates betrachtet habe und dem deshalb viele Soldaten gerne gedient hätten, wofür jedoch viele mit ihrem Leben bezahlt hätten. Ihr Stöhnen sei noch heute – „wenn auch nur von fern" (S. 90) – auf dem Friedhof zu hören.

*Der Preußenkönig Friedrich II. – ein Großer?*

In dem Abschnitt werden die Anfänge des Invalidenfriedhofs in den Blick genommen und Anfänge und der Endpunkt des preußisch-deutschen Militarismus werden zueinander in Beziehung gesetzt. Erneut erscheint der Friedhof als Ort der Unruhe und Zerstörung.

*Die Anfänge des Militarismus*

### Erinnerungen und Stimmen, S. 91–95

Unvermittelt übernimmt Marga den Gesprächsfaden, die ihrem Gastgeber von Dahlem schildert, wie sie als Kind den Schäferhund losgebunden habe, der daraufhin den Briefträger gebissen habe. Danach sei sie von der Großmutter „einmal zu viel" (S. 91) geschlagen worden. Deswegen habe sie so lange Nahrung und das Reden verweigert, bis die Großmutter sich bei ihr entschuldigt habe. Sie öffnet sich von Dahlem also weiter, indem sie mit dieser Anekdote

*Marga bekommt Schläge von der Großmutter*

ihre Willensstärke demonstriert und etwas Persönliches preisgibt.

Unvermittelt verweist „der Frierende" (S. 92) auf einen anderen Toten, den er den „Irrgänger"[1] (S. 92) nennt. Der Tote habe die Berliner Siegessäule sprengen wollen, für ihn Symbol der „Verherrlichung von Gewalt und Krieg" (S. 92), sei jedoch durch einen Zufall ums Leben gekommen.

Der Ich-Erzähler erinnert sich, er sei während der Vorbereitung auf eine Prüfung nach draußen gegangen und habe sich auf einmal in Berlin gesehen, als Beobachter einer Soldatenparade in der Siegesalle. Er sei gewissermaßen Teil des „Stampfen[s]" und „Dröhnen[s]" (S. 93) geworden. Dafür macht er Kindheitserlebnisse aus Coburg[2], frühe Bilder und Erzählungen seines Vaters, der bei der Luftwaffe gewesen sei, und anderer Kriegsteilnehmer verantwortlich. Manche hätten viel erzählt nach Kriegsende, andere hätten viel verschwiegen und seien traumatisiert gewesen. Für den Erzähler steht die Erinnerung für einen Schreckensmoment, in welchem er sich vor einer Vereinnahmung durch den deutschen Militarismus („das Stampfen") fürchtet. Der Graue betont in diesem Zusammenhang die prägende Kraft von Stimmen und Bildern als Gegengewicht zur „Dingwelt" (S. 95).

### Heydrich, Miller, die Unberührbare und ihr Verhältnis, S. 95 – 105

Die „Fistelstimme" (S. 95) Heydrich schildert seinen unehrenhaften Abschied von der Marine, für den seine Verlobte, eine „Apothekerstochter" (S. 95), verantwortlich gewesen sei. Als er eine andere Frau, Lina von Osten[3], kennengelernt

---

[1] Gemeint ist Aschenberger, eine andere Figur des Romans „Rot", der sich mit der 1968er-Zeit auseinandersetzt.

[2] Uwe Timm verbrachte dort Teile seiner Kindheit.

[3] Heydrichs spätere Ehefrau

habe, habe sich der „Pillendreher" (S. 96), der Vater der Verlobten, bei seinen Vorgesetzten beschwert, was zu seinem unehrenhaften Abschied geführt habe. Deutlich wird, dass Heydrich die konservativen Militärs als Teil der alten Eliten samt ihres traditionellen Ehrbegriffs verachtet. Er nennt diese Kränkung als Motiv dafür, den Marineoffizieren nachzuspionieren und Akten mit belastendem Material über sie anzulegen. Zugleich setzt er dem traditionellen Ehrbegriff der Offiziere den bedingungslosen, vom Sozialdarwinismus geprägten Ehrbegriff der Nationalsozialisten entgegen.

Miller macht sich über das „Gerede über Tod und Mut und Ehre" (S. 96) lustig. Überall an der Front hätten die Soldaten beim Urinieren darüber schwadroniert. Indem Miller die Soldaten imitiert, entlarvt er diese Begriffe als Phrasen. Damit rückt Millers Aufenthalt an der Ostfront in den Blick.

*Millers Spott*

Die Unberührbare erklärt, sie sei mit Miller mitgegangen, weil der so unmilitärisch-lässig gewirkt und sie zum Lachen gebracht habe. Zudem habe er behauptet, sich von seiner Frau scheiden lassen zu wollen. Die Unberührbare wiederum habe ihn informiert, dass sie in Heydrichs Amt gearbeitet hat. Es zeigt sich, dass sie mit diesem ein enges Verhältnis verbunden hat.

*Miller und die Unberührbare*

In Berlin habe sie sich mit dem gefürchteten NS-Funktionär eingelassen, wissend, dass dieser Affären „mit vielen Frauen" (S. 101) gehabt hat. Neugier und das Gefühl der Macht über den einflussreichen Heydrich seien ihre Motive gewesen. Wie auch Miller berichtet sie von dessen Geigenspiel. Die Kollegen seien ihr von da an „mit ängstlicher Hochachtung" (S. 102) begegnet. Heydrichs Selbstgewissheit und sein immer höfliches Auftreten hätten sie zwar gestört, aber er habe auch eine „kalte Lust" (S. 102) in ihr erregt. Eine Zeit lang habe sie das Gefühl der Macht und

*Die Unberührbare und Heydrich*

der Überlegenheit genossen, dann jedoch die Beziehung trotz Heydrichs Einspruch beendet. Wenig später sei sie nach Russland versetzt worden. Erst an der Ostfront habe sie von den von Heydrich veranlassten Morden an Juden, Frauen und Kindern gehört und seither eine tiefe „Scham" (S. 103) empfunden. In Deutschland habe sie davon noch nichts gewusst, obwohl sie die Ausgrenzung der Juden bemerkt habe.

Miller erzählt vom Fortgang der Beziehung

Als die Unberührbare Miller die Geschichte erzählt habe, habe er bedauert, mit ihr ein Verhältnis begonnen zu haben. Stets habe er Angst gehabt, dass Heydrich (der „Todesengel", S. 104) davon erfahren könnte. Später, als er mit seinem Fronttheater weitergezogen sei, hätten sie sich Briefe geschickt. Sie habe ihn unbedingt wiedersehen wollen, was aber wegen seiner Reisetätigkeit als Theaterschauspieler nicht möglich gewesen sei.

Das moralische Problem der Unberührbaren

Der Abschnitt zeigt die komplexen Beziehungen zwischen Heydrich, der Unberührbaren und Miller auf. Deutlich wird das moralische Problem der Unberührbaren: Nachdem sie anfangs von Heydrich fasziniert gewesen ist und das Gefühl der Macht genossen hat, muss sie später die Tatsache verarbeiten, mit einem Verantwortlichen des Holocaust liiert gewesen zu sein. Ihre Aussage, erst im Nachhinein von Heydrichs Rolle im Holocaust erfahren zu haben, erscheint zweifelhaft. Dass Heydrich gut Geige spielen kann, wirft mehrere Fragen auf: Steht sein musikalisches Talent in Widerspruch zu seiner Grausamkeit? Inwieweit kann (musikalische) Bildung überhaupt Menschen bessern und vor unmoralischem Handeln schützen? Hervorhebenswert ist zudem, dass Heydrich in diesem Abschnitt über das Bild des (Todes-)Engels mit Marga verbunden wird.

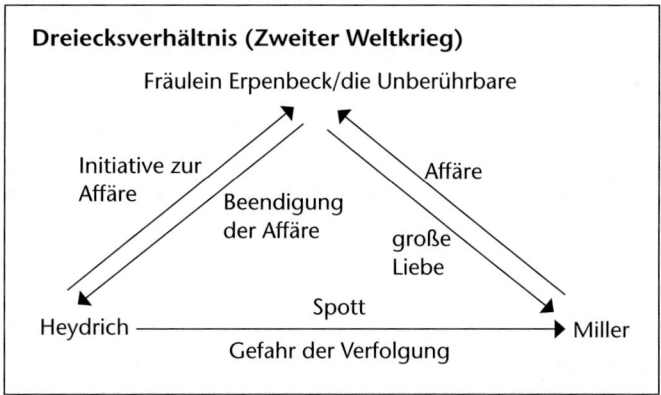

**Dreiecksverhältnis (Zweiter Weltkrieg)**

Fräulein Erpenbeck/die Unberührbare

Initiative zur Affäre

Beendigung der Affäre

Affäre

große Liebe

Heydrich

Spott

Gefahr der Verfolgung

Miller

## Gewalt und ihre Legitimation, S. 105–113

Millers Spott über die „Etappenhengste"[1] (S. 105) veranlasst einen am Invalidenfriedhof beerdigten Heeresverwaltungsrat zum Widerspruch. Er lobt die logistischen Leistungen der Heeresverwaltung während des Russlandfeldzugs, wozu er auch die Versorgung der Truppe mit „offiziellen Nutten" (S. 107) zählt, und schwärmt von seinen Dienstreisen. Seine Angebereien verärgern einen anderen Toten, woraufhin sich ein Stimmengewirr erhebt (vgl. S. 107f.), in das Gefallene aus verschiedenen Kriegen involviert sind.

*„Etappenhengste"*

Der Graue und der Ich-Erzähler unterhalten sich über ein Gemälde. Dies zeigt eine Ansprache Friedrichs des Großen an seine Generale vor der Schlacht in Leuthen (1757), in der Preußen trotz zahlenmäßiger Unterlegenheit Österreich besiegt hat. Der Graue findet vor allem interessant, dass der Maler Menzel[2], obwohl ein Verehrer Friedrichs, das Gemälde zerstört hat, sodass dieses ein „Fragment" (S. 109) geblieben sei, das auf die Leiden außerhalb des

*Menzels Gemälde – fragmentarische Zerstörung*

---

[1] Soldaten, die nicht an der direkten Front stationiert waren, sondern im Hinterland für Nachschub oder für die Verwaltung verantwortlich waren und daher weniger Gefahren ausgesetzt waren

[2] Adolph von Menzel (1815–1905), bekannter Maler historisierender Bilder

eigentlichen Bildmotivs hinweise. Denn als Folge der Ansprache des preußischen Königs seien Zehntausende Soldaten in der Schlacht gefallen. Der Graue verallgemeinert dies zur These, dass man Krieg nicht „vollendet", sondern nur „fragmentarisch" (S. 110) darstellen kann. Mit dem Bild Menzels habe er Führungen zum Invalidenfriedhof beginnen wollen. Er teilt dem Ich-Erzähler überdies mit, dass er Besuchern normalerweise einen Bericht über das Leben Ewald von Kleists[1] vorlese, damit diese ein Gespür für den Wertehorizont eines preußischen Offiziers entwickeln könnten.

Ewald von Kleist in der Schlacht von Kunersdorf

Vor der Schlacht von Kunersdorf[2] sei von Kleist ruhig und gelassen gewesen. Im Gefecht habe er sich als mutiger Offizier erwiesen, der trotz vieler Verletzungen unermüdlich weitergekämpft, die Seinen motiviert und sich für sie aufgeopfert habe, bis er schließlich in Ohnmacht gefallen sei. Nach der Schlacht sei er von den Gegnern erst gepflegt, dann ausgeraubt und letztlich in seine Heimatstadt Frankfurt an der Oder gebracht worden. Eine auftretende Komplikation habe ihn schließlich verbluten lassen. Dem Tod sei er gefasst und würdevoll begegnet. Tapferkeit, Aufopfe-

Plünderung des tödlich verwundeten Ewald von Kleist bei Kunersdorf, Holzstich nach einem Gemälde von Erich Sturtevant (geb. 1869)

---

[1] Ewald Christian von Kleist (1715–1759), Dichter und preußischer Offizier

[2] In dieser Schlacht des Siebenjährigen Kriegs, in dem Preußen und England gegen Österreich, Frankreich, Russland und das Heilige Römische Reich kämpften, verlor Friedrichs Preußen gegen eine österreichisch-russische Armee im Jahr 1759.

rungsbereitschaft, Vaterlandsliebe und Selbstbeherrschung zeichneten diesen Preußen also aus.

Auch wenn der Graue nicht an eine direkte Traditionslinie zwischen Friedrich dem Großen und dem Nationalsozialismus glaubt, legt die Gestaltung des Abschnitts eine Verknüpfung nahe: Gewalt verbindet beide Zeiten. Die Aussagen des Grauen zur Darstellung von Gewalt lassen sich sowohl auf den Invalidenfriedhof als auch auf den vorliegenden Roman beziehen. Durch Gewalteinwirkung während des Krieges und durch die deutsche Teilung wurde der Friedhof zum Fragment; die Romanhandlung ist eine Verschränkung von Bruchstücken.

*Die Funktion der Gewalt für die Geschichte*

## Von Dahlem und Marga, das Meer und die Wüste, S. 113–119

Die leitmotivisch gebrauchte Inschrift auf Margas Grab leitet zu einem anderen Handlungsstrang über. Auf die Frage des Ich-Erzählers, ob der Satz in seiner Verneinung nicht besser zutreffe, behauptet der Graue, es gebe auf dem Friedhof „keine Möglichkeitsform" (S. 113). Damit meint er, dass die preußisch-deutsche Geschichte und ihr problematisches Erbe nicht ungeschehen gemacht werden können. Er verweist aber auch auf andere Berliner Friedhöfe, die für andere Aspekte der deutschen Geschichte stehen, wie den Jüdischen Friedhof oder den Dorotheenstädtischen Friedhof, auf dem deutsche Philosophen und Literaten begraben liegen.

*„Der Flug ist das Leben wert"*

Mit dem Austausch des Zigarettenetuis – ein weiteres Leitmotiv – setzt die Unterhaltung zwischen Marga und von Dahlem wieder ein. Als Kind hätten von Dahlem vor allem Schiffe und als Folge davon auch die englische Sprache interessiert, weil diese so gut die Seefahrt „abbilden" (S. 115) könne. Daher habe er Seefahrer werden wollen. Das Englische scheint ihm also für Offenheit zu stehen. Aber nach dem Notabitur sei er zur Infanterie eingezogen

*Von Dahlems Leidenschaft für Meer und Seefahrt*

worden, Offizier geworden, an der Westfront gelandet und schließlich zur Luftwaffe gewechselt. Nach dem Bericht über ein Erlebnis auf einem Elbdampfer habe von Dahlem erwähnt, dass er sich gerne in Hotels am Wasser aufgehalten habe. Sehnsucht und Fernweh scheinen also auch zu von Dahlem zu gehören. Dazu passt offenbar Millers Wahrnehmung, dass sich „der sonst Schweigsame" (S. 117) zur abenteuerlustigen und in die Ferne drängenden Marga hingezogen gefühlt und sich ihr geöffnet habe.

Margas Flug über die marokkanische Wüste

Marga reagiert auf von Dahlems Schilderung und schwärmt ihrerseits von einem Flug über die marokkanische Wüste[1], bei dem sie an der Küste entlanggeflogen sei, so niedrig über dem von von Dahlem geliebten Meer, dass sie das „Salz auf der Haut, auf den Lippen" (S. 118) gespürt habe. Wie schon anhand des Romananfangs und vieler weiterer Passagen zeigt sich, wie genau Marga auf Farben und Farbschattierungen eingeht.

In diesem Abschnitt wird das Verhältnis von Marga und von Dahlem weiter erzählt. Die beiden öffnen sich einander und lernen sich besser kennen. Margas Antworterzählung auf von Dahlems Kindheitserinnerungen zeigt ihr Verlangen nach ihm.

## Die Verbindung zwischen von Dahlem und Heydrich, S. 119–121

Heydrichs Karteikarte

Es zeigt sich, dass Heydrich auch eine Karteikarte über von Dahlem hat anlegen lassen. Außerdem wird deutlich, dass dieser der Fluglehrer Heydrichs gewesen ist, welcher diesen als „distanziert" und „unpolitisch" (S. 119) beschreibt. Ein Angebot, für Heydrichs Amt zu arbeiten, habe von Dahlem einst abgelehnt, da er Einzelgänger sei. Heydrich stellt ihn – auch weil von Dahlem einen englischen Ausdruck benutzt – als „Snob" (S. 120) hin.

---

[1] damals französische Kolonie

Der nächste Tote, ein im Reichssicherheitshauptamt beschäftigter Germanist, mischt sich ein. Dieser ist zu Lebzeiten „für Eindeutschung und Zweifelsfragen in völkischer Sprache und Kultur" (S. 121) zuständig gewesen. Sein mit Stolz vorgetragener Tätigkeitsbericht über seine Aufgaben ist angereichert mit kruden pseudowissenschaftlichen Begründungen der nationalsozialistischen Ideologie und offenbart damit ein menschenverachtendes Weltbild.

Sprachspielereien

In diesem Abschnitt wird eine weitere Verbindung zwischen den Hauptfiguren aufgedeckt. Heydrichs Beschreibung von Dahlems passt zu den bisherigen Schilderungen von Miller und Marga. Der Auftritt des Germanisten kontrastiert den anglophilen, also am angelsächsischen Kulturraum orientierten, von Dahlem und zeigt, welche Gewalt von Sprache ausgehen kann.

## Margas Aufenthalt in der Wüste, S. 122–131

Marga erzählt von Dahlem über ihre Landung in einem einsamen Fort in der Wüste und über ein gemeinsames Mittagsessen mit den französischen Offizieren. Wie so oft ist Marga als einzige Frau Bestandteil einer Männerwelt und unterläuft damit traditionelle Geschlechterrollen.

Marga in der Wüste

Wieder einmal verweist der Graue auf eine der auf dem Friedhof stehenden Statuen. Seiner Meinung nach könnten diese fliegen, weil „sie sich selbst leichtnehmen" (S. 123). Er referiert mit biblischen Bezügen über Engel als „Boten Gottes" (S. 125). Dabei wird klar, dass er auch Marga als Botin sieht. Während Engel eigentlich die Aufgabe hätten, das „wahre Wort" (S. 126) zu verkünden, stünden sie auf dem Friedhof stark beschädigt herum. Damit wird zum einen das Leitmotiv der fragmentierten Engelsstatuen aufgriffen, zum anderen wird der Vergleich Margas mit einem Engel erneuert und verstärkt. Wie diese sei sie eine Mittlerin zwischen „Himmel und Erde" (S. 126) gewesen, wie diese konnte sie fliegen, solange sie die Dinge leichtnahm.

Die Sichtweise des Grauen auf Engel

Ein Unterscharführer mischt sich ein

Margas Schilderung der Wüstennacht und der Meeresbrandung bringt einen toten Unterscharführer[1] zum Reden, der laut dem Grauen im Mai 1945 kurz vor Kriegsende mit einer Gruppe Soldaten vergebens versucht hat, aus dem eingekesselten Berlin auszubrechen. Der Soldat schildert, wie sie im Bunker unter schweren Beschuss geraten seien.

Margas Abflug

Marga erzählt von Dahlem davon, wie sie am nächsten Morgen Richtung Gran Canaria gestartet sei. Auf dem Rückflug habe sie den Soldaten frisches Obst mitgebracht. Nach dem Abendessen habe sie mit zwei Offizieren einen Spaziergang in der Wüste gemacht. Einer habe ihr ein spanisches Gedicht namens „Memento" vorgetragen, beide hätten sie gebeten, ein Gedicht von Heine[2] vorzutragen.

Fliegen als poetischer Zustand

Der Abschnitt zeigt, dass Fliegen für Marga ein poetischer Zustand ist, der sie dem Alltag entrückt und in dem sie die Kraft der Natur spürt.

### Gewalt: Putschisten, Agitatoren, Widerständler, S. 131–135

Hauptmann Berthold, der ermordete Putschist

Der Ich-Erzähler und der Graue hören den früheren Jagdflieger Berthold, der nach dem Ersten Weltkrieg als Führer der „Eisernen Schar"[3] (S. 131) die demokratisch gewählte Regierung in Berlin habe stürzen wollen. Der Graue zitiert aus einem Bericht von dessen Unterführer Leutnant Mayerl, in dem dieser fordert, alle Juden umzubringen, und von Gräueltaten der „Eisernen Schar" im Baltikum[4] berichtet. Im Anschluss beschreibt der Graue das Scheitern des Putsches und den unehrenhaften Tod des Ex-Soldaten Berthold.

---

[1] Unteroffiziersrang bei der SS
[2] Vgl. Fußnote 1, S. 14.
[3] Freikorps: paramilitärische Einheit, antidemokratische Gesinnung
[4] Nach dem Ersten Weltkrieg wurden die baltischen Staaten unabhängig. Es folgten kriegerische Auseinandersetzungen, an denen deutsche Freikorps beteiligt waren, die gegen sowjetrussische Truppen kämpften.

Der „Erfinder des Wortes *Endlösung der Judenfrage*" (S. 132), Liebermann von Sonnenberg[1], macht sich mit den am Ende des 19. Jahrhunderts gängigen chauvinistischen[2] Parolen bemerkbar. Laut dem Grauen liegt von Sonnenburg auf dem Friedhof begraben, auch wenn sein Grab zerstört ist. Von Sonnenberg habe schon 1881 eine antisemitische Petition bei Bismarck[3] eingereicht.

Der Antisemit – Liebermann von Sonnenberg

Mit flapsigem Tonfall mischt sich ein Chauffeur ein, der wenig von der Funktionselite aus Partei und Militär im Nationalsozialismus hält. Ausdrücklich davon ausgenommen wird der bereits erwähnte Oberst Staehle, dessen Fahrer er bis zu Verhaftung Staehles „nach dem Attentat auf Adolf" (S. 134) gewesen sei. Er berichtet von seinem Verhör nach dem Attentat, bei dem er sich dumm gestellt habe. Dabei sei er auch gefragt worden, ob er Oberst Stauffenberg[4] kenne („den mit dem fehlenden Auge und der fehlenden Hand", S. 134). Weiterhin geht er auf die Gleichschaltung[5] der Betriebe und Gewerkschaften ein und erzählt, wie ein Arbeitskollege wegen eines unvorsichtigen Spruches ins Konzentrationslager (KZ) Neuengamme gebracht worden und ums Leben gekommen sei.

Der Fahrer der Widerständler

Der Abschnitt veranschaulicht Gewalt in Wort und Tat sowie deren Wirkung. Hervorgehoben wird, dass die Wurzeln des verhängnisvollen deutschen Antisemitismus bis ins 19. Jahrhundert reichen.

Gewalt

---

[1] eigentlich Max Liebermann von Sonnenberg (1848–1911), deutscher Offizier, Abgeordneter und Publizist

[2] übersteigerte Form des Nationalismus, verbunden mit Hass oder Verachtung gegen andere Völker

[3] Otto von Bismarck (1815–1898), Reichskanzler des Deutschen Reiches von 1871 bis 1890

[4] Claus Schenk Graf von Stauffenberg (1907–1944), deutscher Offizier im Zweiten Weltkrieg und führender Kopf des misslungenen Attentats auf Adolf Hitler vom 20. Juli 1944

[5] Anpassung aller staatlichen und gesellschaftlichen Institutionen an die Ziele der NSDAP

## Marga in Sizilien, S. 136–147

Margas Flug nach Sizilien

Marga schildert einen Eindruck von ihrem Flug nach Sizilien. Vor Beginn des gefahrvollen Flugs über das Mittelmeer habe sie begonnen laut zu singen. Die atmosphärischen Bilder Margas stehen in Kontrast zur im vorigen Absatz thematisierten Gewalt.

Margas Desinteresse an Politik

Der Graue meint, Marga habe sich nicht besonders für die damalige deutsche Politik interessiert. Möglicherweise aber habe sie durch ihre Flüge zur Aufbesserung des Images von Deutschland beitragen wollen. Er weist darauf hin, dass nach dem Versailler Vertrag[1] der Flugzeugbau in Deutschland eingeschränkt gewesen ist und dass nationalistische Politiker Margas Flüge als Beitrag zum Wiedererstarken Deutschlands gesehen haben könnten.

Margas Flug in ein Gewitter

Marga berichtet von Dahlem, wie sie auf dem Weg nach Sizilien in mehrere Unwetter geraten sei. Offensichtlich nimmt sie Gewitter v. a. ästhetisch wahr; deutlich wird, dass sie sich als Instanz zwischen Himmel und Erde begreift. Nie zuvor habe sie die „Natur in ihrer elementaren Gewalt so erlebt" (S. 138), sodass sie zu singen begonnen habe. Angst habe sie in diesem Moment nicht verspürt, sondern ein „Einverständnis" (S. 139) mit dem Schicksal. Im Folgenden zeigt sich, dass sie über dem offenen Meer die Orientierung verloren und nur mit viel Glück Sizilien erreicht hat, bevor der Treibstoff ausging.

Miller preist Marga

Miller erzählt, wie er einmal in Japan mit Marga geflogen sei, und lobt ihre Ruhe über den grünen Klee. Den Flug habe er genossen, trotz eines „mulmige[n] Gefühl[s]" (S. 142) zu Beginn, weil bekannt gewesen sei, dass sie „in Italien einen Bruchstart gemacht" (S. 142) habe. Dies und eine Bruchlandung in Bangkok, bei der Marga sich schwere Verletzungen zugezogen habe, hätten dazu geführt, dass

---

[1] Friedensvertrag bei der Pariser Friedenskonferenz 1919, mit dem der Erste Weltkrieg jurisisch beendet wurde.

Witze über sie gemacht wurden. Der Graue schaltet sich mit der Information ein, dass Marga immerhin die „Kunstflugprüfung" (S. 143) abgelegt hat, bei der ein Rückenflug[1] verpflichtend gewesen sei.

Marga erzählt von Dahlem von dem vorgeschriebenen, aber ungeliebten Rückenflug und von den Schwierigkeiten, die damals wegen fehlerhafter Vorbereitung aufgetreten seien. Erst in letzter Sekunde habe sie sich mithilfe eines kühnen Manövers retten können. Von Dahlem habe sich darüber anerkennend geäußert.

Marga erzählt von dem Rückenflug

Anerkennung wird auch in der folgenden Aussage eines Monteurs deutlich, der Margas Maschine gewartet hat. Er lobt ihre technischen Kenntnisse, ihre mechanischen Fähigkeiten und ihre „Energie" (S. 145). Marga sei in Sizilien zwar sicher gelandet, habe aber beim folgenden Start eine Mauer gestreift, was zu schweren Schäden an der Maschine und einer Verletzung geführt habe. Er selbst sei zur Reparatur des Schadens nach Catania gerufen worden, wohl weil es Marga peinlich gewesen sei, ohne Flugzeug heimzukehren. Sein Bericht zeigt, dass Marga auf Männer attraktiv gewirkt hat. Der Monteur verwirft die mehrfach geäußerte Vermutung, sie sei lesbisch gewesen, und spekuliert darüber, ob ihre Leidenschaft fürs Fliegen mit ihrer Unnahbarkeit zusammenhängen könnte und ob sie womöglich den Tod gesucht hat.

Der Monteur in Sizilien

In dem Abschnitt werden unterschiedliche Motive für Margas Selbstmord genannt. Im Mittelpunkt stehen ihre Todessehnsucht und ihre Scham wegen der häufigen Unfälle.

Spekulationen

### Von Dahlems Affäre, S. 147–159

In ihrem Bericht von der schicksalhaften Nacht in Hiroshima ist Marga inzwischen beim Zeitraum „nach Mitternacht" (S. 147) angelangt. Der „Geruch von Regen und

Die Nacht in Hiroshima: Von Dahlem erzählt Marga von seiner Affäre

---

[1] Dabei wird das Flugzeug kopfüber auf dem Rücken geflogen.

Holz" (S. 147) habe von Dahlem dazu gebracht, ihr von einer Affäre mit der Frau eines Freundes in Berlin zu erzählen. Der sonst eher schweigsame von Dahlem kommt bei diesem Thema ins Reden, was Marga erkennbar schmerzt. Er schildert die erste Begegnung, die ihn und die Frau hypnotisiert habe. Wie Magneten hätten sie sich angezogen und sich in eine Affäre gestürzt, die sie in der Dachkammer des Hauses eines anderen Freundes ausgelebt hätten. Dabei habe er den eingangs erwähnten Geruch wahrgenommen. Auf eine entsprechende Frage Margas habe er geantwortet, dass die „Hingabe" (S. 151) der Frau für ihn besonders gewesen sei. Sie – Marga – habe sich gedacht, dass sie von Dahlem „begehre" (S. 151). Dieser habe sie nach einer Gesprächspause gefragt, ob er sie um etwas bitten dürfe. Sie sei enttäuscht gewesen, dass er sich lediglich gewünscht hat, sie möge ihm ein Lied vorsingen, was sie schließlich getan habe.[1]

„Fuji no yama!" (S. 153) Der Graue und der Ich-Erzähler hören die Stimme eines Japaners. Der Graue erklärt, dass es sich um einen japanischen Botschaftsangehörigen handelt, der zum Ende des Zweiten Weltkriegs von einem Rotarmisten erschossen worden ist. Es zeigt sich, dass dieser Japaner mit Margas Leben verbunden ist. Laut dem Grauen hat er für Marga in Japan einen Zeitungsartikel über ihre Besteigung des Berges Fuji ins Deutsche übersetzt, der im Folgenden vorgelesen wird.

Marga als Bergsteigerin Der in fehlerhaftem Deutsch gehaltene Bericht bringt mehre Tote dazu, den Japaner derb zu beschimpfen. Entschlossenheit, Mut und Ausdauer Margas bei der erfolgreichen Besteigung des Fuji werden in dem Bericht besonders herausgestellt. Miller lobt ebenfalls den Mut Margas und sagt, sie sei „sehr preußisch" (S. 156) gewesen, während ein anderer sie als lesbisch bezeichnet.

---

[1] Die vorgetragenen Verse stammen aus der romantischen Gedichtsammlung „Die schöne Müllerin" von Wilhelm Müller (1794–1827), die 1823 in großen Teilen von Franz Schubert (1797–1828) vertont wurde.

Marga berichtet, wie von Dahlem ihr dann von dem abrupten Ende seiner Affäre erzählt habe, das von der Frau ausgegangen sei. Dieser Abschied habe von Dahlem dazu gebracht, als Konsul nach China zu gehen. Von Dahlem habe sie – Marga – dann auf eine Wandnische hingewiesen. Darin habe eine weitere Vase gestanden, mit einem Blütenzweig, der sich im Schatten bewegt habe. Sie habe daraufhin den Wunsch geäußert, mit ihm zusammen zu fliegen, was er zugesichert habe.

*Das Ende der Affäre von Dahlems*

Der Abschnitt verdeutlicht dem Leser, wie stark Marga von Dahlem begehrt und wie einseitig dieses Begehren ist.

*Einseitiges Begehren*

## Von Dahlems Luftkampf mit dem Engländer, S. 159–168

Nach einigen kurzen Einschüben, unter anderem der Fortsetzung des Berichts von Margas Besteigung des Fuji (S. 158 f.), erzählt Marga vom Geheimnis des Zigarettenetuis, das der Leser aufgrund von Millers Schilderung schon kennt (vgl. S. 82 f.). Laut Marga hat von Dahlem ihr erzählt, dass ihm das Etui in einem Luftkampf mit einem englischen Piloten das Leben gerettet hat. Die Schilderung des zweitägigen Kampfes mit dem ebenbürtigen und hochgeschätzten Gegner erstreckt sich über mehrere Buchseiten. Nachdem der erste Tag vom gegenseitigen Umkreisen und von Ausweichmanövern geprägt gewesen sei, seien am zweiten Tag beide „wie auf Verabredung" (S. 163) frontal aufeinander zugeflogen und hätten sich wild beschossen. Dabei sei von Dahlem verletzt worden, habe sich aber auch dank des Zigarettenetuis, das ein Projektil abgehalten habe, retten können, während der Engländer aus seiner brennenden Maschine in den Tod gesprungen sei. Das Etui erinnere von Dahlem sowohl an sein Überleben als auch an den Tod des anderen. Er habe den Splitter den „blinde[n], sinnlose[n] Zufall Leben" (S. 164) genannt, meint Marga. Wieder betont

*Das Geheimnis des Zigarettenetuis*

sie, wie oft ihr Gespräch damals von Stille und langem Schweigen unterbrochen worden sei.

**Schweigen oder Reden? – Bedeutung des Fliegens**

Marga berichtet, dass sie die Verbindung von Gewalt und Fliegen gestört, sie aber geschwiegen habe. Sie habe sich damals gedacht, dass Fliegen bei ihr „der Lust entspringt zu schweben" (S. 165). Sie beschreibt im Folgenden ein Foto, das ein in den Sonnenuntergang fliegendes Militärflugzeug zeigt. Die wehmütige Stimmung, die dieses Bild ausstrahlt, hat sie offenbar beeindruckt. Von Dahlem habe angeboten, ihr das Foto zu schenken.

**Scharnhorsts Pferd**

Marga wird durch das Wiehern eines Pferdes auf dem Friedhof unterbrochen. Der Leser erfährt nach einem Exkurs über die Tierquälerei im Dienste des Militärs, dass es sich dabei um das Pferd des berühmten Generals Scharnhorst handelt, der „das Volksheer" geschaffen hat (S. 167). Am Grabmal Scharnhorsts[1] informiert der Graue über die Vita dieses berühmten preußischen Militärs. Das Pferd des preußischen Heeresreformers sei während einer Schlacht gegen Napoleon 1813 umgekommen, Scharnhorst selbst sei wenig später seinen Verletzungen erlegen und schließlich 1826 auf dem Invalidenfriedhof beigesetzt worden.

**Fliegen und Kämpfen**

Von Dahlems lange und persönliche Erzählungen lassen erkennen, dass er sich Marga zwar öffnet. Er scheint aber eine andere Frau zu lieben, was sie schmerzt. Weiterhin scheint der Luftkampf gegen den Engländer ein prägendes Ereignis für von Dahlem zu sein, der viel Wert auf Ritterlichkeit und Respekt legt. Marga stört die deutlich werdende Verbindung von Fliegen und Gewalt. Der Luftkampf wird am Ende von Margas Japanaufenthalt noch einmal aufgegriffen werden. Das Zigarettenetui verbindet als Dingsymbol die wichtigsten Figuren und Handlungsstränge.

---

[1] Gerhard von Scharnhorst (1755–1813), Vater der Preußischen Heeresreform 1807, die den Grundstein für Preußens militärische Erfolge in den Befreiungskriegen gegen Napoleon legte

## Halbschatten, S. 168–177

Fräulein Erpenbeck teilt mit, dass Miller sie in Russland geschwängert habe, bevor er weitergezogen sei. Sogar Heydrich habe davon erfahren. Als die Schwangerschaft weit fortgeschritten gewesen sei, habe sie nach Berlin gehen können, wo sie mit Millers Frau wegen der Scheidung habe reden wollen. Zu ihrer Überraschung sei auch diese schwanger gewesen, sodass sie ihr Vorhaben nicht habe umsetzen können. Lakonisch meint sie, dass Miller seit diesem Zeitpunkt zwei Frauen gehabt hat, wohingegen dieser behauptet, sich „an nichts erinnern" (S. 171) zu können.

*Die Unberührbare ist schwanger*

Der Ich-Erzähler fragt den Grauen, warum nur manche der Toten reden würden. Der Graue antwortet, dass die Schattenwelt des Friedhofs ein Ort der „Wiederkehr" (S. 171) ist, an dem sich alles wiederholen würde, ohne dass sich etwas verändern oder verbessern könne. Bewegung sei nur im Hellen. Sie beide könnten nur versuchen, etwas Licht ins Dunkel zu bringen, um einen „Halbschatten" (S. 171) hervorzubringen. Er weist aber zugleich darauf hin, dass auch ihr eigener Schatten die Dinge verändern, ja verzerren könne. Der Graue variiert damit seine vorigen Reflexionen und betont die Subjektivität des eigenen Standpunkts. Vereinfacht und auf Margas Leben bezogen heißt das: Man kann – trotz des vorliegenden Berichts der Behörden – kein objektives Bild von ihrem Leben und Sterben gewinnen. Alle Aussagen bleiben letztlich perspektivisch.

*Halbschatten*

Dies zeigt sich an den widersprüchlichen Aussagen über Miller. Der bereits bekannte Dichter berichtet von einer albernen „Lachnummer" (S. 172) Millers während des Krieges, die diesem aufgrund ihrer unerwarteten Pointe den Vorwurf des „Defätismus[1]" (S. 172) eingebracht habe. Miller hat also Witz und Mut verbunden. Marga erzählt davon, wie

*Miller, der Komödiant*

---

[1] Mutlosigkeit, Bereitschaft zur Aufgabe

sie Miller in Tokio im Stück *Minna von Barnhelm*[1] gesehen habe. Er habe die Rolle eines Betrügers gespielt, diese aber so interpretiert, dass die Täuschung wie eine Kunst gewirkt habe. Sie attestiert ihm „List und Charme" (S. 173), während die Unberührbare ihn für einen Lügner hält, der sich nicht um sie und das gemeinsame Kind gekümmert habe.

Das Fliegen – „ein Traum aus fernen Zeiten" (S. 174)

Marga erzählt, dass sich das Unwetter in Hiroshima derweil verstärkt habe. Von Dahlem und sie hätten sich kaum noch sehen und verstehen können. Es folgt eine psychologisierende Reflexion über das Fliegen. Während Fallträume „Boten der Angst" seien, werde „Flugträume[n]" (S. 174) eine beglückende Wirkung auf Frauen zugeschrieben, die damit den Zwängen des Alltags entfliehen könnten. Fliegen stehe für Leichtigkeit und Sehnsucht, was gerade die Wolken symbolisierten, biete aber auch ganz praktische Vorteile. Reisen verkürzten sich auf diese Weise stark, Distanzen schrumpften, was zur Völkerverständigung beitragen könne. Darüber hinaus sei im Flugzeug die kräftemäßige Ungleichheit von Mann und Frau aufgehoben. Pathetisch preist Marga die Technik und die Ästhetik eines Propellers und kommt zu dem für sie zwingenden Schluss: „Der Flug ist das Leben wert" (S. 176).

Margas Vorträge

Dem Grauen zufolge hat Marga den oben zitierten Vortrag – einen von insgesamt 180 – im pommerschen Greifenberg[2] gehalten. Er glaubt, dass sie mit ihrem Enthusiasmus gerade die weiblichen Anwesenden beeindruckt hat. Oft habe sie in ihren Reden unterstrichen, dass sie als Sportfliegerin sich als Botschafterin eines friedlichen Deutschlands begreife.[3] Diesen Vortrag habe auch eine Schülerin

---

[1] Diese Komödie von G. E. Lessing (1729–1781) aus dem Jahr 1767 spielt während des Siebenjährigen Kriegs (1756–1763).

[2] Mit Ausnahme von Vorpommern fiel Pommern und damit auch die Stadt Greifenberg nach dem Zweiten Weltkrieg an Polen.

[3] Der Versailler Vertrag verbot eine deutsche Luftwaffe.

verfolgt, die nach dem Zweiten Weltkrieg „[a]usgesiedelt"[1] (S. 177) worden sei.

## Opfer und Täter im Zweiten Weltkrieg, S. 178–203

Als Teil eines Flüchtlingstrecks sei die Schülerin im Dorf Lüttkenhagen gemeinsam mit einem anderen Mädchen von einem russischen Soldaten bedroht worden. Sie habe deshalb die andere zur Flucht aufgefordert und sei selbst losgerannt. Später habe sie gesehen, wie das Dorf geplündert und schließlich geräumt geworden sei. Als sie ihren Treck wieder erreicht habe, hätten sich die Menschen ihr gegenüber ablehnend verhalten, da ihre Flucht dazu geführt habe, dass die Russen das andere Mädchen und eine Frau „mitgenommen" (S. 180), also womöglich vergewaltigt hätten. Stellvertretend für andere Flüchtlingsschicksale schildert das Mädchen den Fortgang der Flucht inmitten der Kriegswirren. Eine Stimme – vielleicht der Graue – informiert darüber, dass bei Kriegsende auch die Überreste von Flüchtlingen aus dem Treck auf dem Invalidenfriedhof verscharrt worden seien.

*Bericht der Vertriebenen*

Dem Leid der Deutschen, die aus dem Osten fliehen mussten, wird das Leid der Juden entgegengestellt, die in die Vernichtungslager des Ostens deportiert worden sind. Geschildert wird eine Szene, wie das Ladengeschäft des Juden Birnbaum wohl während der „Reichskristallnacht"[2] zerstört wird und eine pöbelnde Menge, darunter sein Nachbar Schulze, der bei ihm Schulden gehabt hat, „[v]errecke" (S. 182) gebrüllt habe. Im Folgenden wird die Deportation des jüdischen Ehepaares Silberstein geschildert.

*Ausschreitungen gegen Juden und Deportation*

---

[1] Euphemismus für „vertrieben"

[2] Von den Nationalsozialisten in der Nacht vom 9. auf den 10. November 1938 organisierte reichsweite Ausschreitungen gegen die jüdische Bevölkerung. Der Name bezieht sich auf die dabei zerstörten Fensterscheiben.

Heydrichs Dienst-
anweisung

Heydrich[1] diktiert – daher die vielen Satzzeichen – seinen Untergebenen, wie mit den Tschechen, die in dieser Zeit unter deutscher Besatzungsherrschaft stehen, zu verfahren sei. Er unterteilt diese nach ihrer angeblich rassischen Zugehörigkeit und ihrer politischen Gesinnung. Eindeutschung, Sterilisierung und Einsatz als Zwangsarbeiter, Vertreibung nach Osten oder Ermordung sind seine Alternativen (vgl. S. 182–183).

Keine Juden auf
dem Invaliden-
friedhof

Der Graue verneint die Frage des Ich-Erzählers nach auf dem Invalidenfriedhof bestatteten Juden. Lediglich ein vom Wind aus Osteuropa hergetragenes „Geflüster", ein „Seufzen, Stöhnen" (S. 184) sei zu hören. Die Geschichte der Silbersteins wird fortgesetzt: Man erfährt, dass sie in den Osten deportiert worden sind. Erneut werden Bezüge zwischen Judendeportation und Vertreibung der Deutschen hergestellt.

Die Großtante
über Margas
Kindheit

Der Großtante zufolge ist Marga schon sehr jung eine Vollwaise gewesen. Die Verwandte erklärt daraus Margas Wunsch zu fliegen. Marga wird außerdem als selbstständiges, manchmal eigensinniges, fröhliches, wagemutiges und offenes Mädchen dargestellt.

Margas Leiche

Die liebevolle Darstellung steht in scharfem Kontrast zur nüchternen Sprache des offiziellen Berichts über Margas Selbstmord (vgl. S. 187–188), aus dem im Folgenden erneut zitiert wird. Die Flugbahnen der beiden tödlichen Kugeln, Position und Zustand der Leiche werden genau beschrieben. Die Leiche sei fotografiert und später nach Aleppo gebracht worden, wo sie konserviert worden sei.

Von Dahlem, der
Vermittler

Miller bzw. der Graue erzählt davon, dass von Dahlem den Kontakt zwischen Marga und einem Waffenhändler, Hauptmann Heymann, hergestellt habe. Anders als von Dahlem habe dieser selbst Waffen verkauft.

---

[1] Heydrich war seit 1941 Stellvertretender Reichsprotektor in Böhmen und Mähren.

Miller wirft ein, er habe vonseiten von Dahlems erfahren, dass Heydrich sich zu Kriegsbeginn zum Kampfpiloten hat ausbilden lassen und Kampfeinsätze in einem von Udet geschenkten Jagdflugzeug geflogen ist. Weil der „Fürst der Finsternis" das Fliegen nicht gut beherrscht habe und auch einmal abgeschossen worden sei, habe ihm der „Reichsheini"[1] (S. 189) schließlich das Fliegen verboten. Miller gesteht, dass er damals Angst gehabt hat, Heydrich könne von seinem Verhältnis mit der Unberührbaren wissen. Er sei daher erleichtert über dessen Tod gewesen.

Heydrich, der Bruchpilot

Heydrich wiederum schildert, wie er Opfer eines Bombenanschlags geworden und dabei schwer verletzt worden ist. Abschätzig kommentiert er das aus seiner Sicht unprofessionelle Verhalten seines Fahrers bei der Verfolgung des Attentäters und die fehlende „Organisation" (S. 191) bei seinem Abtransport ins Krankenhaus. Im Folgenden rechtfertigt sich der ihn behandelnde Arzt, dass er alles in seiner Macht Stehende getan habe. Doch weil es kein Penicillin gegeben habe, sei Heydrich an einer Infektion gestorben. Aber auch der von ihm verabreichte Wirkstoff Sulfonamid hätte helfen können. Dies habe eine „Sonderbehandlung" (S. 192), d.h. ein medizinisches Experiment mit Häftlingen, dem 15 Menschen zum Opfer gefallen seien, bewiesen.

Attentat auf Heydrich

Reinhard Heydrich in Uniform (1940)

Ein in einem Massengrab bestatteter Soldat behauptet, er habe menschlich gehandelt, weil er zwei jüdische Gefangene im Getto erschossen und sie somit vor dem Verhungern bewahrt habe. Man hört das Murmeln eines anderen Soldaten, der seinen Angehörigen in einem Brief von einem Massaker an Juden im Osten berichtet, das im Namen Heydrichs verübt wurde. Zynisch behauptet er, dass man die

Verbrechen in Heydrichs Namen

---

[1] Gemeint ist Heinrich Himmler (1900–1945), führender Nationalsozialist, Reichsführer SS und Chef der Geheimen Staatspolizei (Gestapo).

Juden noch zu „Wurst verarbeiten" (S. 193) wird, sollte der Krieg noch länger dauern. Deutlich wird dabei, in welchem Umfang die antisemitische Ideologie der Nationalsozialisten herkömmliche Moralvorstellungen der deutschen Soldaten untergraben hat.

*Heydrichs Begräbnis*

Heydrich berichtet militärisch knapp von seinem prunkvollen Begräbnis, bei dem ihm die gesamte Reichsführung die letzte Ehre erwiesen habe. Stolz äußert er sich über das Verhalten seiner Frau und seines Kindes während der Zeremonie.

*Von Dahlems Degradierung*

Im nächsten Abschnitt berichtet jemand – wohl Miller – von der Degradierung von Dahlems, weil er sich 1943 mit einem jüdischen Schulfreund in der Öffentlichkeit gezeigt habe. Eingehakt seien sie eine „Straße heruntergegangen, was zu einer Anzeige geführt habe. Am Beispiel des unkonventionellen von Dahlem wird gezeigt, dass Menschlichkeit auch in der nationalsozialistischen Diktatur möglich gewesen ist.

*Von Dahlems Verantwortung für Margas Tod*

Miller erzählt davon, dass er bei ihrem letzten Treffen von Dahlem gefragt habe, ob er sich damals in Japan in Marga verliebt habe, was dieser knapp verneint habe. Von Dahlem habe weiter gesagt, sich keine Vorwürfe wegen Margas Selbstmord zu machen, denn er habe geglaubt, sie habe sich aus „Ehrgefühl" (S. 195) und wegen ihrer fliegerischen Fehler erschossen.

*Von Dahlems Anekdote*

Die Erwähnung der „Vase mit den Orchideenblüten" (S. 196) weist darauf hin, dass das Gespräch zwischen Marga und von Dahlem wieder aufgenommen wird. Tiefe Stille – ein häufiges Motiv und Ausdruck der Sehnsucht Margas – habe im Raum geherrscht, berichtet Marga, bevor ihr von Dahlem eine Geschichte erzählt habe, die ihm ein anderer Soldat während seiner Zeit in China zugetragen habe. Nach der Niederschlagung des Boxeraufstandes[1] seien viele Aufständische enthauptet worden. In der Schlange vor dem

---

[1] Vgl. Fußnote 3, S. 31.

Henker habe ein Chinese gestanden, der in einem Buch gelesen habe, während er auf seine Hinrichtung gewartet habe. Der deutsche Soldat habe erfolgreich um dessen Begnadigung gebeten, woraufhin dieser wortlos das Buch zugeklappt habe und weggegangen sei. Von Dahlem habe diese Haltung bewundert. Die kurze Geschichte illustriert in gewisser Weise die Reflexion zu Beginn des Abschnitts, dass Schönheit „im Schattenspiel" (S. 196) liegt und durch den Blick der Menschen entsteht.

Die Unberührbare bringt den sich windenden Miller dazu, davon zu erzählen, dass er auch im KZ Dachau vor SS-Angehörigen aufgetreten ist und diese mit Kunststücken unterhalten hat.

Miller in Dachau

Der nächste Abschnitt illustriert die Folgen eines Bombenangriffs auf Berlin, dem in einem Keller eingeschlossene Einwohner zum Opfer gefallen sind, indem sie von der Hitze eingeäschert worden sind. Heydrich schaltet sich ein und berichtet davon, wie er sich freiwillig zur Luftwaffe an der Ostfront gemeldet habe, während die anderen „Parteibonzen" (S. 201) nur Sprüche geklopft hätten. Stolz erzählt er vom Abschuss eines russischen Flugzeugs und schließt daran sozialdarwinistische Reflexionen über die Macht des Stärkeren an. Der Graue und der Ich-Erzähler vernehmen das Stöhnen eines SS-Wachmanns, der die Gaskammern in Auschwitz-Birkenau beaufsichtigt hat. Der Graue berichtet, dass dieser Scharführer einmal ein kleines Mädchen lebend unter den Vergasten gefunden hat. Sein Vorgesetzter habe die Fassung verloren, sogar Mitleid gezeigt und schließlich die Erschießung des Mädchens angeordnet. Es folgen Reflexionen darüber, inwieweit es etwas geändert hätte, wenn der Sturmführer der Regung des Mitleids nachgegeben und das Mädchen verschont hätte. Auszüge aus der neutestamentlichen Auferstehungsszene Jesu werden eingeflochten, um die Folgen einer solchen Entscheidung zu illustrieren.

Bombenopfer und Gaskammern

In diesem Abschnitt tritt die Marga-Handlung in den Hintergrund. Stattdessen wird der Blick auf die Opfer und Täter des Zweiten Weltkriegs gelenkt. Das Stimmengewirr ist sehr groß, der Montagecharakter des Abschnitts ist besonders ausgeprägt, um sich der komplexen Materie anzunähern. Dabei ist Heydrich die Symbolfigur für das menschenverachtende Regime der Nationalsozialisten, dessen Anweisungen zu ungeheuren Verbrechen in ganz Europa führten. Verbindungen zwischen Heydrich und Marga werden angedeutet, indem auch Heydrich als Bruchpilot bezeichnet wird und es in diesem Abschnitt um beider Tod geht. Deutlich wird, dass sich Marga aufgrund der Zusammenarbeit mit Heymann in die Machenschaften des Regimes verstrickt hat.

### Margas verzögerter Rückflug aus Japan, S. 204–224

Fliegen als
Sünde?

Dem Grauen zufolge sei Marga mit einem Linienflugzeug von Asien nach Wien gereist. Von dort aus sei sie eigenhändig mit einem geliehenen Flugzeug nach Berlin geflogen, offensichtlich um so einer Blamage zu entgehen. Wie ein „gefallene[r] Engel" (S. 204), sei sie in Schlangenleder gekleidet dem Flugzeug entstiegen, meint er und variiert so das bekannte Engel-Motiv. Mehrere unbekannte Stimmen erheben sich. Fliegen sei „Hochmut gegen Gott" (S. 204), meint einer, ein anderer verweist darauf, dass Marga wie Heydrich Fliegerin gewesen sei und sich durch die Verstrickung in den Waffenhandel schuldig gemacht habe. Udet betont, welche Fortschritte die Fliegerei durch den Krieg gemacht habe, ein anderer zitiert aus der Apokalypse[1].

Marga spricht
von Olga

Der sich bewegende Vorhang, der „Geruch von Gras und Erde" (S. 205) führt zurück nach Hiroshima. Von Dahlem

---

[1] letztes Buch des Neuen Testaments, das den Weltuntergang und das sich anschließende Gottesgericht thematisiert

habe sie – Marga – kurz vor Anbruch des Morgens gefragt, ob sie allein lebe, was sie bejaht habe. Nach langem Schweigen habe sie ihm von der Russin Olga erzählt, die sie bei einer Flugschau in Berlin interviewt habe. Am nächsten Tag habe die elegante russische Emigrantin sie zu sich eingeladen und ihr eröffnet, dass sie die Tochter eines „russischen Admirals" (S. 208) ist und 1918 nach Deutschland habe fliehen müssen.[1] Im Anschluss an diese Erzählung seien sie und Olga sich körperlich nähergekommen. Dabei habe sie sich wohlgefühlt. Von Dahlem, so berichtet Marga weiter, sei während dieser Erzählung wohl eingeschlafen und sie habe sich gewünscht, neben ihm zu liegen. Dann sei der Morgen angebrochen. Möglicherweise reagiert Marga mit dieser Erzählung auf von Dahlems Eingeständnis seiner Affäre mit der Frau seines Freundes. Margas Bericht lässt die von anderen Figuren des Romans geäußerte Vermutung, sie sei lesbisch, glaubwürdiger erscheinen.

Marga sei „länger als geplant in Japan geblieben" (S. 210), meint Miller, was einerseits an den Bürgerkriegswirren in China gelegen habe, andererseits an ihren Gefühlen für von Dahlem. Als dieser angekündigt habe, nach China zu fliegen, wo er die Kriegsparteien mit Waffen versorgt habe, habe Marga beschlossen, zurückzufliegen. Sie habe von Dahlem darum gebeten, einmal mit ihm zu fliegen, und ihn stürmisch umarmt, was diesen in Verlegenheit versetzt habe.

*Marga verschiebt den Rückflug*

Miller berichtet davon, dass beide am Tag vor dem Abschied eine „private Luftschau" (S. 212) veranstaltet hätten, wozu sie ihn habe überreden müssen. Dabei habe Marga unvermittelt begonnen, auf von Dahlem Jagd zu machen. Dieser habe aber immer ausweichen können, bis es einmal kurz so geschienen habe, als ob Marga ihn

*Margas Luftkampf mit von Dahlem*

---

[1] Ihre Flucht steht in Verbindung mit dem Bürgerkrieg in Russland nach der Revolution 1917.

rammen wolle. Trotz aller Anstrengungen sei sie aber nie richtig in Schussposition gekommen, vielmehr habe sich von Dahlem befreit und sei mit einem überraschenden Manöver in Schussposition hinter Marga gekommen. Nach der Landung habe von Dahlem behauptet, Marga sei Siegerin, denn er habe sie „nicht bekommen" (S. 215). Sie habe ihm mit der doppeldeutigen Äußerung „Doch, [...] du hast mich bekommen" (S. 215) widersprochen. Die Episode wirkt wie eine Variation des Luftkampfes von Dahlems mit dem Engländer und versinnbildlicht das ungleiche Verhältnis zwischen von Dahlem und Marga. Miller zufolge hat sogar von Dahlem bei diesem Luftkampf die Selbstbeherrschung verloren, denn er habe Marga erst gewinnen lassen wollen.

Abschied von von Dahlem

Laut Miller habe ihr von Dahlem zum Abschied einen verpackten „Glücksbringer" (S. 216) geschenkt. Beim Start zum Rückflug habe Marga erhebliche Probleme gehabt, aber noch rechtzeitig an Höhe gewinnen können. Der

Margas Rückflug

Graue fasst den weiteren Verlauf des Flugs zusammen, auch Auszüge aus einem Brief Margas werden eingeflochten. In Bangkok sei sie beim Start abgestürzt und habe sich schwer verletzt, außerdem habe ihr Flugzeug einen „Totalschaden" (S. 219) davongetragen. Nach ihrer Genesung habe sie den Rückflug lange hinausgezögert, sei dann mit einem Linienflugzeug nach Wien geflogen und schließlich mit einem geliehenen Flugzeug in Berlin gelandet. Jeder habe damals gewusst, dass Marga „abermals Bruch" (S. 219) gemacht hat, auf Fotos könne man einige anwesende Herren leicht spöttisch lächeln sehen. Der Graue reflektiert darüber, dass ein Flugzeugabsturz den biblischen Spruch „Hochmut kommt vor dem Fall" (ebd). versinnbildlicht. Wer einen solchen wie Marga überlebe, der wirke schnell komisch.

Marga, der Pechvogel

Miller erzählt weiter, Marga habe danach nach Australien fliegen wollen. Aber niemand habe sie mehr unterstützen wollen, nachdem sie auf jedem ihrer Langstreckenflüge eine „Bruchlandung" (S. 220) gemacht habe. Eine frauenfeindliche Stimme behauptet, Marga habe „aus Scham" über weibliches Unvermögen in technischen Dingen (S. 221) Selbstmord begangen. Im Folgenden verneint Udet wütend, dass Frauen die schlechteren Piloten seien. Miller erzählt von Elly Beinhorn (vgl. S. 221–223), Zeitgenossin Margas und ebenfalls Fliegerin, der aber anders als Marga alles zu glücken schien und die von vielen bewundert worden sei. Miller lobt Margas Haltung: Sie sei eine „Preußin" gewesen, sie habe gehandelt „wie ein Samurai[1]" (S. 223), als sie sich nach verlorener Schlacht umgebracht habe.

Miller hebt die Bedeutung des Japanaufenthalts für Margas Leben hervor. Sie habe die japanische Kultur kennengelernt, sei mit dem Konzept der rituellen Selbsttötung bekannt geworden und habe die „Bedeutung von Schatten und Halbschatten" (S. 223) kennengelernt, außerdem, dass zerbrochenes Porzellan zum Kunstwerk werden kann, wenn man es so zusammensetzt, dass die Bruchlinien sichtbar bleiben.

*Die Bedeutung des Japanaufenthalts*

Diese Aussage Millers kann auch als Hinweis auf die Machart von „Halbschatten" verstanden werden: Der Roman arbeitet mit Fragmenten und fügt diese so zusammen, dass sie als Bruchstücke erkennbar bleiben, aber trotzdem Teil von etwas Größerem werden. Nicht zuletzt – so Miller – habe von Dahlem Marga „den Raum, das Licht, den Schatten und dieses Bild auf dem Stellschirm" (S. 224) interpretiert, das den auf einem Rind reitenden Konfuzius zeige, der seine Weisheit weitertragen wolle und der das „Glück der Ruhe" (S. 224) ausstrahle. Dem Leser wird klar, dass dies eines der bereits am Anfang des Romans beschrie-

*Halbschatten: aus Fragmenten zusammengesetzt – so auch der Roman*

---

[1] Kriegeradel im alten Japan, der einen hohen Ehrenkodex pflegte

benen Bilder[1] ist. Der Abschnitt wirkt somit wie eine praktische Demonstration der Bruchstücke-Theorie.

## Marga wird Waffenschmugglerin, S. 224–246

Paradigmenwechsel für Marga

Der Graue behauptet, ihr Flug nach Syrien bzw. Australien habe aufgrund der sich wandelnden politischen Lage eine zusätzliche Bedeutung erlangt. Marga sollte nicht nur als Frau, sondern als Deutsche, d. h. im Dienst des nationalsozialistischen Deutschlands, fliegen.

Erneutes Aufeinandertreffen von von Dahlem und Marga

Fast ein Jahr nach der Begegnung in Japan habe von Dahlem Marga unvermittelt in Berlin besucht und sie zum Essen eingeladen. Marga erzählt, dass sie sich beim Essen nähergekommen seien und sich danach berührt und geküsst hätten. Sie habe dabei kurz an seine Erzählung von der anderen Frau denken müssen, von Dahlem dann aber gestanden, dass sie ihn begehre. Sie seien beide „Isobare" (S. 227), Linien gleichen Drucks auch an unterschiedlichen Orten. Von Dahlem habe dieser Spruch gefallen und er habe sie poetisch als „Wolkensammlerin" (S. 227) bezeichnet.

Von Dahlem vermittelt Marga einen Kontakt zu einem Waffenhändler

Zu von Dahlem weiß der Graue außerdem zu berichten, dass dieser den Nationalsozialisten reserviert bis ablehnend gegenübergestanden und daher aus dem Waffenhandel ausgestiegen sei. Am nächsten Tag – so erzählt eine Stimme, die nicht eindeutig ermittelbar ist – sei Marga in von Dahlems Wohnung gekommen und habe ihm gestanden, dass sie unbedingt fliegen wolle, aber niemand bereit sei, ihr ein Flugzeug zu geben. Von Dahlem habe ihr daraufhin den Kontakt zu dem früheren Luftwaffenoffizier Heymann vermittelt, der zur Zeit der Handlung in Diensten einer deutschen Waffenfabrik gestanden habe.

Treffen mit Heymann und Margas Zusage

Laut Marga hat Heymann bei einem Treffen vom Wiedererstarken des gedemütigten Deutschlands gesprochen,

---

[1] Vgl. S. 12 dieses Bandes.

zu dem sie einen Beitrag leisten könne. In diesem Zusammenhang habe er die Qualität deutscher Waffen gepriesen, namentlich einer Maschinenpistole, an der die Syrer interessiert seien, die sich von der Mandatsmacht Frankreich befreien wollten. Margas solle eine dieser Maschinenpistolen als Muster auf dem Flug mitnehmen. Sie fliege nun „für Deutschland" (S. 232), habe Heymann ihr beim nächsten Treffen versichert und bestätigt, dass man ihr ein Flugzeug stellen werde. Nach kurzem Überlegen habe sie zugesagt. Am nächsten Tag habe man ihr nahegelegt, verbotenerweise einen Filmapparat mitzunehmen, um für Deutschland militärische Aufklärungsarbeit zu leisten.

Mehrere Stimmen kommentieren Margas Entscheidung, darunter der deutsche Generalstabschef von 1914, von Moltke, und der Generalstabsoffizier von Schlieffen[1]. Miller vertritt die Ansicht, dass Marga durch die Zusage von der Abenteurerin zur „fliegende[n] Vertreterin" (S. 234) geworden sei. Auf ihren Wunsch zu fliegen sei der Schatten eines anderen – von Dahlems – gefallen. Marga habe Miller gefragt, ob von Dahlem mit der bereits bekannten Geliebten in die Schweiz gegangen sei. Margas Hoffnungen auf eine Beziehung mit von Dahlem erfüllen sich also auch in Berlin nicht.

Kommentare zu Margas Entscheidung

Der Graue informiert darüber, dass früher auch von Richthofen[2] auf dem Invalidenfriedhof bestattet war. Nach dem Bau der Berliner Mauer (13. August 1961) hätten Verwandte für seine Umbettung gesorgt, damit er nicht in derart trostloser Umgebung liegen müsse. Auch Margas Grab sei 1945 „von Granaten aufgewühlt" (S. 236) worden, der Grabstein sei verschwunden gewesen, aber er habe gewusst, wo er sie finden werde.

Der Friedhof als trostloser Ort

---

[1] Alfred Graf von Schlieffen (1833–1913), zuletzt Generalfeldmarschall, Chef des Generalstabes
[2] Manfred von Richthofen (1892–1918), berühmter deutscher Jagdflieger

Fortsetzung des Berichts über Margas Selbstmord

Der bereits bekannte offizielle Bericht über Margas Selbstmord wird wohl vom Grauen fortgesetzt. Betont wird darin der ruhige Gesichtsausdruck der Toten.

Margas Australien-Plan

Marga sagt, sie habe auf einer neuen Strecke nach Australien fliegen wollen, auf der noch keine Frau vorher geflogen sei. Zudem wolle sie eine bestimmte Wolkenformation dort beobachten, die „Gloriosa" (S. 238), die sich durch besonders viele Farbabstufungen auszeichne. Ein Veterinär namens Gottschalk habe ihr als Elfjähriger auf dem Gut der Großeltern davon erzählt.[1]

Erste Spekulationen über den Selbstmord

Andere Stimmen bezeichnen dies und einen weiteren Auszug aus dem offiziellen Bericht als „Unsinn" (S. 238); es sei vielmehr das Wissen darum gewesen, dass ihre Karriere ansonsten beendet sei bzw. dass die Menschen sie verspottet hätten, was letztlich zum Freitod geführt habe. Millers Meinung nach ist zum einen „unerwiderte Liebe" (S. 239) der Grund gewesen, zum anderen die Tatsache, dass von Dahlem sie dem Waffenhändler ausgeliefert hat.

Das Zigarettenetui

Miller erwähnt, dass Marga ihm das Etui aus Syrien hat schicken lassen. Somit zählt auch Miller zu den durch das Etui verbundenen Personen. 1942 habe er von Dahlem in Berlin getroffen, der inzwischen Aufklärer bei der Luftwaffe in Afrika gewesen sei. Dieser habe von seinen Flügen über die Wüste geschwärmt. Er – Miller – habe von Dahlem das Etui aushändigen wollen, was dieser zurückgewiesen habe. Außerdem habe ihm von Dahlem zu verstehen gegeben, dass er Marga nicht geliebt habe (vgl. S. 244). Marga habe das Zigarettenetui nicht beschützen können, sie habe ihre Sicherheit verloren. Von Dahlem habe ihn darum gebeten, das Etui als Glücksbringer zu behalten.

---

[1] Diese Figur ist in Timms Roman „Morenga" (1978) wichtig. Gottschalk erlebt als Tierarzt der deutschen „Schutztruppe" einen Aufstand gegen die Deutschen in der Kolonie Südwestafrika mit. Dabei wächst seine Distanz zum deutschen Kolonialismus und Rassismus.

Die Mutmaßungen über Margas Selbstmord werden weiter aufgegriffen. Der Graue spekuliert darüber, dass Marga einfach lebensmüde gewesen sein könnte. Eine andere Stimme widerspricht und nennt Stolz bzw. Würde als Triebfedern. Sie habe sie selbst sein wollen und dazu „radikale Freiheit" (S. 245) in Anspruch genommen. Der Jagdflieger Mölders[1] verneint die Frage, ob man aus der Geschichte etwas lernen könne. Wie um dies zu belegen, erzählt er, wie er anlässlich des Staatsaktes zu Udets Begräbnis eine Rede habe halten sollen, aber auf dem Flug dorthin abgestürzt und umgekommen sei.

*Erneute Ursachenforschung*

Ausführlich und kontrovers wird in diesem Abschnitt verhandelt, warum Marga sich von den Nationalsozialisten hat korrumpieren lassen und in Syrien Selbstmord begangen hat. Es zeigt sich, dass von Dahlem bei beiden Entscheidungen eine wichtige Rolle spielte.

### Kriegsende in Berlin, S. 247 – Ende

Die Unberührbare berichtet davon, wie sie kurz vor Kriegsende im Bunker der Reichskanzlei gearbeitet habe und dort vor Hitlers Selbstmord aus dem Dienst entlassen worden sei. Sie sei durch die zerstörte und umkämpfte Stadt zu ihrem Kind gelaufen und habe apokalyptische Szenen beobachtet. Ihr Wohnhaus habe in Flammen gestanden, KZ-Häftlinge hätten Leichen geborgen und Dokumente der NS-Herrschaft seien versengt in der Luft geschwebt. Die Szenerie verdeutlicht den Zusammenbruch des NS-Regimes. Der biblische Exkurs des Grauen über die Sündenstädte Sodom und Gomorrha legt nahe, dass es damals aus seiner Sicht zu wenig Gerechte gegeben hat, um Berlin vor dem Untergang zu bewahren.

*Die Eindrücke der Unberührbaren im zerstörten Berlin*

---

[1] Oberst Werner Mölders (1913 – 1941), einer der am höchsten dekorierten Offiziere im Nationalsozialismus

Wille und Haltung
Margas und
Heydrichs
Margas Selbstmord wird weiter aufgegriffen. Ein Selbst-mörder – vielleicht Udet – äußert Bewunderung darüber, dass Marga die Waffe bei ihrer Selbsttötung zweimal abge-drückt hat, und lobt ihren „Wille[n]" (S. 249). Im nächsten Abschnitt wird das äußere Erscheinungsbild von Heydrich und dessen Wirkung beschrieben. Wie dieser Mächtige der Herr zu sein über Leben und Tod sei die „größte denkbare Freiheit" (S. 249). Damit werden Heydrich und Marga über das Thema Freiheit angenähert. Millers folgender Kom-mentar jedoch zieht im Kontrast dazu Heydrichs Erschei-nungsbild ins Lächerliche.

Kurz vor
Kriegsende
in Berlin
Jemand erzählt von der Testpilotin der Luftwaffe Hanna Reitsch (1912–1979). Diese sei nach Berlin geflogen, um Hitler zu retten, was dieser aber abgelehnt habe. Es folgen weitere Impressionen aus dem untergehenden Berlin: Jemand berichtet von der Ermordung eines Menschen, womöglich eines Widerständlers kurz vor Kriegsende, ein anderer fragt, wer Wagner[1] hören würde, passenderweise die „Götterdämmerung"[2].

Vergleich
Margas mit
Hanna Reitsch
Laut dem Grauen hätte Marga nie wie Hanna Reitsch Test-pilotin werden können, was von einer anderen Stimme bezweifelt wird. Wie um dies zu belegen, werden die von Pathos und Nationalismus geprägten Abschiedsworte Hey-manns an Marga vor ihrem Start wiedergeben.

Der Graue ist sich sicher, dass Marga beim Selbstmord an die Nacht in Hiroshima gedacht hat. Margas Sarg sei nach Deutschland gebracht worden, wo sie aufgebahrt worden sei, mit einer Ehrenwache aus SA und SS. Miller meint frei-lich, dass Marga sich dagegen verwehrt hätte.

---

[1] Richard Wagner (1803–1883), Komponist und einer der bedeutends-ten Opern-Schaffenden im 19. Jahrhundert

[2] Heydrichs Vater war Opernsänger und Wagner-Verehrer. „Götterdäm-merung" heißt ein Teil des „Rings der Nibelungen". Die Nennung des Titels spielt an auf die Situation in Deutschland anlässlich des Unter-gangs des NS-Regimes.

Vereinnahmung durch den Nationalsozialismus – der SS-Flieger-sturm Hamburg bei einer „Ehrenwache" für Marga von Etzdorf

Von Dahlem sei Ende des Jahres 1945 aus der amerikanischen Kriegsgefangenschaft entlassen worden und nach Berlin gekommen. Dort habe er noch einige Jahre gelebt und sei dann nach Chile gegangen, wo sich seine Spur verloren habe. Miller kommt kurz vor Kriegsende in Berlin ums Leben. Er selbst erzählt davon, wie er im Luftschutzkeller einen Witz über den Führer gemacht habe. In das Gelächter hinein habe eine Streife der Hitlerjugend den Raum betreten. Dabei sei er von einem anderen Mann denunziert und von den fanatisierten Jugendlichen mitgenommen worden. Jemand erzählt, dass er an einer Laterne aufgehängt worden ist, um den Hals ein Schild mit der die mangelnde Bildung der Täter entlarvenden Aufschrift „Veigling" (S. 255). Es wird davon erzählt, wie Oberst Staehle, vormaliger Kommandant des Invalidenhauses, und einige Mitgefangene kurz vor Kriegsende von dem SS-Sturmbannführer Kurt Stawitzki (1900–1959) und seinen Leuten umgebracht worden sind. In Verhören habe er gestanden, eine Jüdin versteckt zu haben. Sein Mörder Stawitzki, der auch am Holocaust beteiligt gewesen sei, sei unbehelligt geblieben und liege jetzt auf einem Friedhof in Bonn begraben.

*Von Dahlems weiterer Werdegang*

*Miller wird in den letzten Kriegstagen hingerichtet*

*Oberst Staehles Ermordung*

Marga erzählt von ihrem Abflug aus Japan. Sie habe von Dahlem gebeten, nicht zum Flugplatz zu kommen, habe aber sein Haus niedrig überflogen und er habe gewunken. Sie erwähnt das Zigarettenetui, in das von Dahlem das Wort Isobare habe eingravieren lassen. Zu dieser Zeit sei das „Glück der Isobaren" (S. 258) jedoch schon Vergangenheit gewesen. Es wird darüber diskutiert, ob von Dahlem sie hätte warnen müssen.

Ein toter Flüchtling aus Ostpreußen meldet sich zu Wort. Laut dem Grauen ist er 1000 km zu Fuß gegangen, um dann in Berlin von einem herabfallenden Balken erschlagen zu werden. Seine Stadt sei völlig zerstört gewesen, sei aber schon vorher „verschwunden" (S. 259), als man ihren slawischen Namen eingedeutscht habe. Dies wird von verschiedenen Stimmen kommentiert.

Marga erzählt, dass von Dahlem nur ihr gegenüber über seine Kriegserlebnisse gesprochen habe. In Hiroshima habe er ihr weit nach Mitternacht erzählt, warum. Das Gerede seiner Kameraden über „Abschüsse" (S. 261) habe er abgelehnt, aber dennoch deren „Wille[n] zum Äußersten" (S. 261) bewundert. Sie habe ihn beim Abschied in Berlin gefragt, ob sie sich wiedersähen, was er – wie so oft zögernd – verneint habe. Dann habe er ihr gestanden, gemeinsam mit der Frau des Freundes nach Mexiko zu gehen. Für sie habe das bedeutet: „du nicht" (S. 262). Beim Anflug auf Aleppo (Syrien) habe sie ein Wolkenband erblickt, dessen Form sie noch nie gesehen habe, „brechende Wolken" (S. 262). Dass Marga die Ereignisse zusammenbringt, ist ein Indiz dafür, dass die Bruchlandung und der Selbstmord in Aleppo mit der unerwiderten Liebe zusammenhängen.

Der Graue erzählt davon, wie er Margas Etui kurz nach der Wende (1989) auf einem Trödelmarkt erworben habe. Der Verkäufer – ein Rentner – habe behauptet, das Etui bei

Kriegsende bei einem Toten – Miller – gefunden zu haben, den er begraben habe. Damit wird noch einmal leitmotivisch die verbindende Wirkung des Etuis deutlich.

Es wird berichtet, dass Marga in Syrien mit Rückenwind gelandet und dabei über die Landebahn hinausgeschossen ist. Sie selbst sei unverletzt gewesen, der Schaden an der Maschine sei behebbar gewesen. Im Flughafengebäude sei sie freundlich empfangen worden. Marga habe das Zigarettenetui aus der Tasche gezogen, in einen Briefbogen eingewickelt und diesen adressiert. Dann sei sie ins Bad gegangen. Es wird vermutet, dass sie an von Dahlem gedacht hat, an ihren Spionageauftrag und die verbotenen Gegenstände an Bord des Flugzeuges, die zu einem Skandal hätten führen können. Angesichts ihres Selbstmords seien die diplomatischen Verwicklungen zwischen Deutschland und Frankreich allerdings diskret behandelt worden. Sie habe die Toilette benutzt und sich gewaschen, um als Tote sauber dazuliegen, und sich dann erschossen.

*Margas Selbstmord*

Nochmals erinnert sich Marga an Hiroshima. Sie meint, in Hiroshima gegen Morgen eingeschlafen zu sein, als von Dahlem und sie geschwiegen hätten. Beim Aufwachen habe sie einen Lichtstreifen wahrgenommen. Die Stille sei von einem Hahnenschrei unterbrochen worden, was gewirkt habe, als würde sich die Welt ihr öffnen. Zudem spielt der Hahn auf die Verleugnung Jesu durch Petrus (Mt 26,34) an: Von Dahlem geht auf die Liebe Margas nicht ein und verleugnet damit sozusagen die Nacht in Hiroshima.

*Morgen in Hiroshima*

Die Leitfrage, ob der Flug das Leben wert sei, wird von einigen Stimmen ebenso knapp wie abweichend beantwortet. „So könnte es gewesen sein" (S. 267), meint am Ende der Graue und unterstreicht somit das Konstruierte und Perspektivische der Erzählung, bevor er die Führung mit dem Hinweis auf die Schließzeit des Friedhofs beendet.

*Leitfrage: Ist das Fliegen das Leben wert?*

Margas Tod, das Kriegsende bzw. der Zusammenbruch des
deutschen Nationalsozialismus und das Ende der schicksalhaften Nacht von Hiroshima werden kunstvoll verflochten.
Gleichzeitig wird betont, dass es sich dabei um ein Konstrukt ohne Anspruch auf Allgemeingültigkeit handelt. Stille
setzt ein und die Schatten der Vergangenheit werden von
der im Winter frühen einsetzenden Dunkelheit verschluckt.

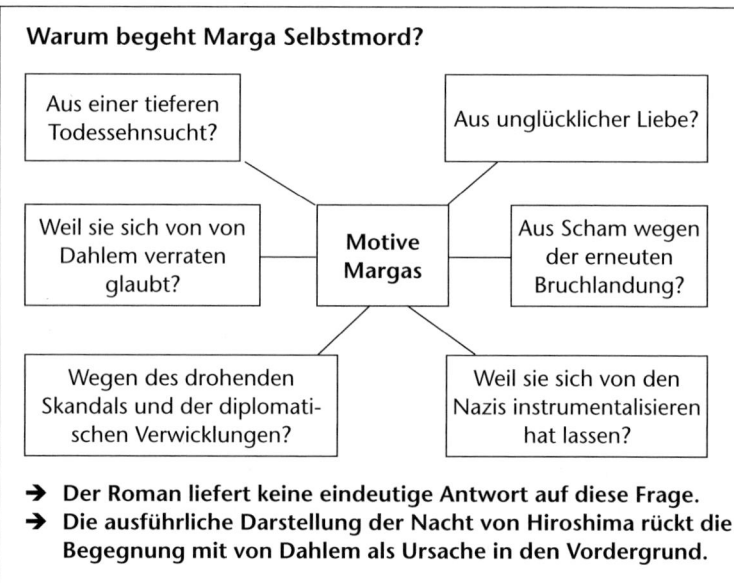

**Warum begeht Marga Selbstmord?**

Aus einer tieferen Todessehnsucht?

Aus unglücklicher Liebe?

Weil sie sich von von Dahlem verraten glaubt?

**Motive Margas**

Aus Scham wegen der erneuten Bruchlandung?

Wegen des drohenden Skandals und der diplomatischen Verwicklungen?

Weil sie sich von den Nazis instrumentalisieren hat lassen?

➜ Der Roman liefert keine eindeutige Antwort auf diese Frage.
➜ Die ausführliche Darstellung der Nacht von Hiroshima rückt die
Begegnung mit von Dahlem als Ursache in den Vordergrund.

# Hintergründe

## Strukturmerkmale des Romans

Eine schlüssige und knappe Erläuterung des Inhalts und Erschwerter Leseprozess Aufbaus des Romans stellt ein anspruchsvolles Vorhaben dar. Gründe hierfür sind die Vielzahl der Figuren, das häufige Wechseln der Handlungsstränge sowie die fehlende Stringenz in den Erzählungen der einzelnen Figuren. Die optische Anordnung und die fehlende Kapitelzählung erschweren den Leseprozess ebenso wie die schwankende, häufig wechselnde Erzählperspektive und Erzählform. Erst im Laufe der – womöglich mehrmaligen – Lektüre kann man Strukturen entdecken und Verbindungen zwischen den einzelnen Handlungen herstellen, die zu einem vom Leser mitkonstruierten Gesamtbild führen.

Die Rahmenhandlung, der Rundgang des Ich-Erzählers Die Zeit der Handlung und des Grauen über den Berliner Invalidenfriedhof, findet an einem 2. November, dem Feiertag Allerseelen, irgendwann nach dem Fall der Mauer 1989 statt. Daneben existieren weitere Handlungsstränge wie Margas Nacht mit von Dahlem in Hiroshima 1931, die ein wichtiges Gerüst der Handlung darstellt, ihr Selbstmord in Syrien 1933, die Handlungen um Reinhard Heydrich bis zu dessen Tod 1942 sowie die Geschichten um Fräulein Erpenbeck und Anton Miller bis 1945. Dazu treten viele Zwischenrufe anderer Toter, die die erzählte Zeit bis ins Preußen des 18. Jahrhunderts ausdehnen.

Auf dem bereits von dem Preußenkönig Friedrich II. Der Ort der Handlung gegründeten Berliner Invalidenfriedhof fanden zunächst Soldaten aus seinem Heer und später viele bekannte

Militärs ihre letzte Ruhe. Ende des Zweiten Weltkriegs wurden auch unbekannte Opfer der „Schlacht um Berlin" dort begraben.[1] Die Atmosphäre auf dem von Krieg und Grenzziehung zerstörten und von der Natur überwucherten Friedhof ist passend zur Jahreszeit still, kühl und grau. Der Invalidenfriedhof ist die Instanz, die alle Handlungsstränge verbindet. Daneben wird aber auch an und von anderen Orten erzählt, die teilweise ebenfalls symbolisch aufgeladen werden wie etwa das geteilte Zimmer in Hiroshima.

Die Figuren Der Ich-Erzähler möchte in der Rahmenhandlung mehr über das Leben Marga von Etzdorfs erfahren und hat sich daher an einen Touristenführer gewandt, der ihm eine Führung über den Friedhof gibt und sein umfangreiches Wissen offenbart. Der Graue ist ein unscheinbarer, namenloser Mann um die 50, der das symbolisch aufgeladene Zigarettenetui besitzt (vgl. S. 10), außerdem die Stimmen der Toten hört und sie zuordnen kann. Für den meist schweigsamen Ich-Erzähler kommentiert er deren Äußerungen. Diese lassen sich nicht immer einer bestimmten Figuren zurechnen, sodass der Roman stellenweise in eine Art Stimmengewirr abdriftet. Die wichtigsten Stimmen wird der Leser sicher im Laufe der Handlung entschlüsseln können. Es handelt sich dabei sowohl um fiktive Personen (z. B. von Dahlem, Miller) als auch um historische (z. B. Heydrich, Udet). Die Äußerungen der historischen Personen sind in der Regel ebenfalls fiktiv, Zitate aus erhaltenen Originaldokumenten, die immer wieder eingeflochten werden, sind kursiv gesetzt.

---

[1] Mehr dazu im Abschnitt: Der Berliner Invalidenfriedhof als Schauplatz des Geschehens, S. 81 f.

# Erzählhaltung und Erzähltechnik im Roman „Halbschatten"

Grundlagen

Der Roman wird von einem Ich-Erzähler erzählt, der Uwe Timm nahesteht,[1] aber nicht mit ihm zu verwechseln ist. Da der Roman fast nur aus Figurenrede besteht, nimmt der Ich-Erzähler wenig Raum ein. Die Instanz des Erzählers wird zudem immer wieder vom Grauen ergänzt, der zwischen den Stimmen der Toten und dem Ich-Erzähler bzw. dem Leser vermittelt. Der Graue nimmt zwar nie die Sichtweise eines der Toten ein, kann aber deren Gedanken und Gefühle kommentieren und erzählt aus der Innensicht der Figuren, da er diese bereits seit Jahren kennt und über umfassendes historisches Wissen verfügt. Auf diese Weise gelangt eine allwissende Dimension in den Roman. Teilweise kommentieren sich die Stimmen auch gegenseitig und öffnen oder verändern auf diese Weise den Blickwinkel; gerade Miller ist in diesem Zusammenhang wichtig. Der Ich-Erzähler ist v. a. Zuhörer und gibt die Aussagen des Grauen wieder, die dem Leser helfen, einen Teil der Innensicht der Figuren zu erfassen und einzuordnen. Aber der Ich-Erzähler ist auch aktiv in das Geschehen eingebunden, denn als Teil der von ihm erzählten Welt kann er selbst die Toten sprechen hören. Dabei ist seine Perspektive sehr eingeschränkt, weil er nur das wörtlich wiedergeben kann, was er hört. Somit ist er meistens neutral, abgesehen von den wenigen Stellen, in denen er sich aktiv in das Geschehen einmischt und seine eigenen Erfahrungen schildert (vgl. z. B. S. 92–94).

Darbietungsformen

Die dominierende Darbietungsform des Romans ist die Figurenrede. Die erklärenden Passagen des Grauen sind zwar sehr sachlich und bieten Hintergrundwissen für den

---

[1] Mehr dazu im Abschnitt: Uwe Timm – Leben und Werk, S. 94 ff.

Leser, stellen aber dennoch die wörtliche Wiedergabe der Aussagen einer Figur dar. Es gibt nur wenige Abschnitte, in denen der Erzähler berichtet (z. B. S. 7 unten bis S. 9 Mitte), ansonsten sind viele seiner Aussagen als Figurenrede einzuordnen, wenn er mit dem Grauen auf dem Friedhof spricht (z. B. S. 93). An einigen Stellen sind zudem andere Textsorten in den Roman eingeflochten, so z. B. ein Bericht des deutschen Konsuls in Syrien (vgl. S. 79 f.) oder ein Brief eines Deutschen von der Ostfront (vgl. S. 193). Diese verleihen dem Roman eine dokumentarische Note, werden aber auch als Figurenrede von den Toten oder dem Grauen vorgelesen. Teilweise nehmen die Figurenreden Merkmale des Bewusstseinsstroms an (z. B. ab S. 81 unten). Dieser ist in der 1. Person Indikativ Präsens oder ohne erkennbare Person gehalten und bietet deren Innensicht ohne Vermittlung eines Erzählers. Kennzeichnend sind eine unvollständige grammatische Form, persönliche Sprachmerkmale, eine willkürliche Wortbildung, Lautmalerei und Sprachexperimente, fehlende Zeichensetzung sowie eine direkte Wiedergabe und assoziative Verknüpfung von Bewusstseinsinhalten ohne inhaltliche Strukturierung.

**Leitmotive und das Symbol des Zigarettenetuis**

Als Motive oder Leitmotive bezeichnet man formelhaft wiederkehrende Wortfolgen oder Wiederholungen von inhaltlichen Beschreibungen. Im Roman „Halbschatten" finden sich zahlreiche Motive mit unterschiedlicher Bedeutung für die Handlung. Als Motive können das Fliegen bzw. das Flugzeug, der immer wieder beschriebene Schatten in den Räumen oder die japanischen Gefäße, die aus Scherben zusammengesetzt sind, untersucht werden. Zunächst dienen die Motive der Darstellung der Gedanken- und Gefühlswelt der Figuren, so z. B. das Motiv des Fliegens oder der japanischen Gefäße. Besonders aber das Zigarettenetui spielt eine zentrale Rolle in der Beziehung von Marga und von Dahlem, später auch in der Beziehung von Marga und

Anton Miller. Es ist als literarisches Symbol zu verstehen, das nicht eindeutig einer Idee oder Handlung zuzuordnen ist, aber die verschiedenen Figuren und Zeitebenen miteinander verbindet. Motive und Symbole weben also ein enges Geflecht von Verweisen auf das zentrale Thema des Romans, nämlich die Beziehungen der Menschen innerhalb eines historischen Kontextes. Dieses wird im zentralen Symbol durch die unterschiedlichen Besitzer des Etuis – zusammen mit der Inschrift – immer wieder aufgegriffen. Seine Bedeutung wird von den Figuren unterschiedlich interpretiert: Für von Dahlem ist es ein Symbol des Todes bzw. ein Zeichen für sein eigenes Überleben, für Marga symbolisiert es die Hoffnung auf von Dahlems Liebe, für Miller ist es ein Zeichen der Freundschaft zu Marga, für den Händler auf dem Flohmarkt ist es schlicht eine Ware, für den Grauen als Käufer dagegen der Antrieb, Margas Geschichte zu erforschen. Somit ist das Dingsymbol das Bindeglied zwischen den unterschiedlichen Figuren und historischen Epochen der deutschen Geschichte vom Ersten Weltkrieg bis zum Mauerfall.

> Zentrales Thema des Romans: Beziehung der Menschen innerhalb eines historischen Kontextes

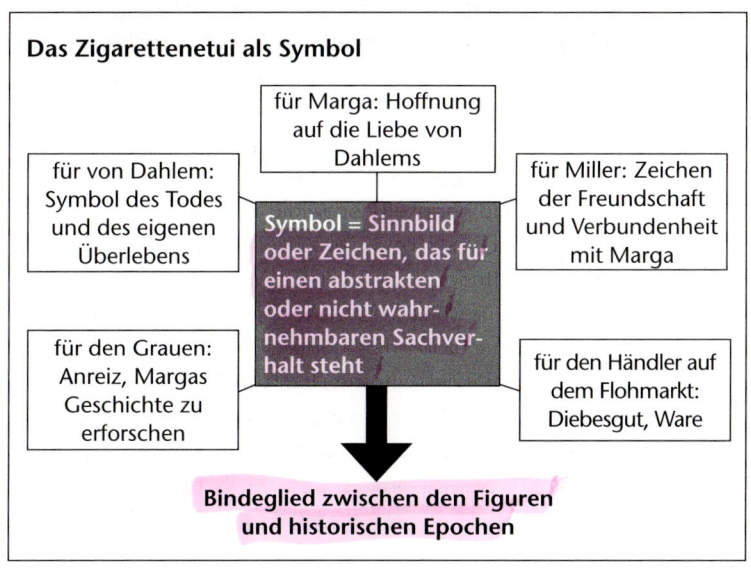

**Das Zigarettenetui als Symbol**

für Marga: Hoffnung auf die Liebe von Dahlems

für von Dahlem: Symbol des Todes und des eigenen Überlebens

für Miller: Zeichen der Freundschaft und Verbundenheit mit Marga

Symbol = Sinnbild oder Zeichen, das für einen abstrakten oder nicht wahrnehmbaren Sachverhalt steht

für den Grauen: Anreiz, Margas Geschichte zu erforschen

für den Händler auf dem Flohmarkt: Diebesgut, Ware

**Bindeglied zwischen den Figuren und historischen Epochen**

Der Titel des Romans „Halbschatten" wird mehrfach metaphorisch aufgenommen und bietet mit seinen unterschiedlichen Bedeutungen einen Zugang zu den jeweiligen Handlungsebenen. Sehr aussagekräftig ist im Zusammenhang damit ein Zitat des Grauen: „Wir können ein wenig auswählen, vielleicht ein wenig Licht bringen, einen Halbschatten, ein Zwielicht. Nichts ist ganz klar, kaum beugen wir uns über das Geschehene, werfen wir unseren Schatten darauf. Sie wissen, wie verzerrt der sein kann." (S. 171) Das Zitat verweist auf den Zusammenhang mit dem Akt des Erzählens, der im Roman „Halbschatten" sowohl den Stoff als auch die Form bestimmt. Die Figuren gewinnen nur schemenhaft an Kontur, denn der Leser kann sie nur über ihre Stimmen wahrnehmen. Die Geschichte wird von verschiedenen Personen „beleuchtet", aber dennoch gibt es keine „ausgeleuchtete", klare Wahrheit. So wird keine abschließende Version der Gründe für Margas Selbstmord geboten, sondern der Leser muss für sich deuten, warum die junge Frau sich umgebracht hat. Die unterschiedlichen Schatten überlagern sich und der Leser kann nur ein Bild im Halbdunkel erahnen. Zudem wird der Graue im Zitat auch als aktiver Gestalter des Bildes benannt, weil seine Subjektivität – sein eigener Schatten – das Bild verzerrt. In diese Metaphorik kann auch das Ende des Romans einbezogen werden, wenn der Friedhof sich langsam in Dunkelheit hüllt und das vage Bild, das durch die Stimmen entstanden ist, zu einem Schatten wird. Das Ende des Romans bringt also kein „Licht in das Dunkel", keine abschließende, objektive Klärung der Geschichte, sondern bleibt ein vager Deutungsversuch: „So könnte es gewesen sein [...]. Es ist spät geworden. Sie müssen jetzt gehen. Winterzeit. Das Tor wird gleich geschlossen." (S. 267)

Porträt eines Menschen im Halbschatten

Timms Roman „Halbschatten" ist ein Beispiel für modernes Erzählen. Typisch ist zunächst das Fehlen einer linearen, auf ein Ziel bzw. Ende hin gerichteten Handlung, was mit einem offenen, verschiedene Deutungsmöglichkeiten eröffnenden Schluss einhergeht. Modern ist weiterhin das Fehlen einer feststehenden Erzählinstanz. Zum Konzept der Multiperspektivität gehört, dass die Figuren widersprüchlich gestaltet sind bzw. ihr Verhalten je nach Sichtweise unterschiedlich bewertet wird. Der Leser macht sich von den Figuren durch ihre wenigen Aussagen ein Bild, das nicht auf wirklichem Wissen, sondern nur auf schemenhaften Konturen beruht. Modern ist weiterhin, dass es Timm nicht darum geht, die Realität nachzuahmen oder abzubilden, sondern eine eigene Realität zu schaffen. Dies gelingt durch die Anwendung des Collage- bzw. Montageprinzips, wobei der erste Begriff bedeutet, dass eine literarische Komposition aus sprachlich unterschiedlichem Material besteht, während der zweite Begriff auf das Zusammenfügen, Nebeneinandersetzen sprachlicher, stilistischer, inhaltlicher

Der Roman „Halbschatten" als Beispiel für modernes Erzählen

Elemente unterschiedlicher Herkunft abhebt. Aus diesen formalen und strukturellen Merkmalen ergibt sich ein philosophisches Merkmal modernen Erzählens: Schriftsteller betrachten es nicht länger als ihre Aufgabe, einen übergeordneten Sinn zu stiften bzw. den Leser an einen gemeinsamen Wertehorizont zu erinnern. Die Vermittlung moralischer Werte als Aufgabe der Literatur wird abgelehnt. Dies macht das Ende des Romans „Halbschatten" ebenso deutlich wie der folgende Dialog: „Und die Moral der Geschichte?" – „Gibt's nicht." (S. 245) Einschränkend gilt, dass Timm sich von der Instanz des Erzählers nicht konsequent löst. Es gibt den Ich-Erzähler, der von seiner Führung über einen Friedhof berichtet. Er tritt aber zumeist in den Hintergrund und überlässt den Vordergrund der Collage aus Stimmen der Toten.

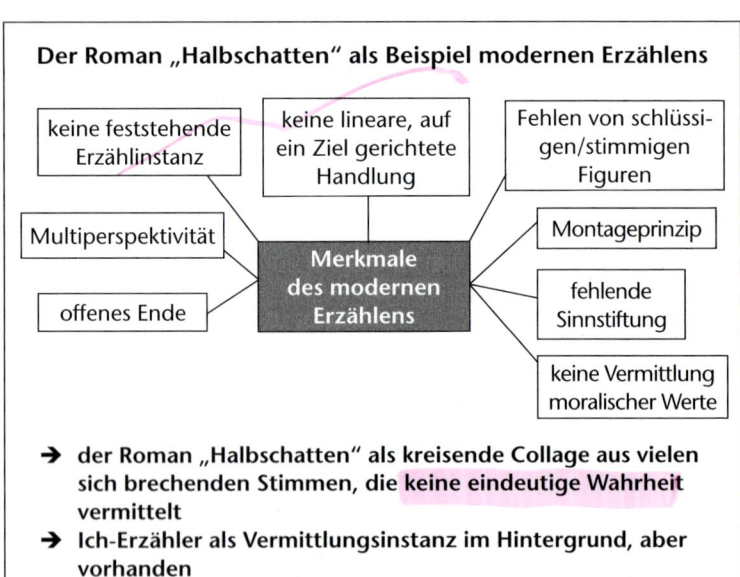

**Der Roman „Halbschatten" als Beispiel modernen Erzählens**

- keine feststehende Erzählinstanz
- keine lineare, auf ein Ziel gerichtete Handlung
- Fehlen von schlüssigen/stimmigen Figuren
- Multiperspektivität
- offenes Ende

**Merkmale des modernen Erzählens**

- Montageprinzip
- fehlende Sinnstiftung
- keine Vermittlung moralischer Werte

➔ der Roman „Halbschatten" als kreisende Collage aus vielen sich brechenden Stimmen, die keine eindeutige Wahrheit vermittelt

➔ Ich-Erzähler als Vermittlungsinstanz im Hintergrund, aber vorhanden

# Der Berliner Invalidenfriedhof als Schauplatz des Geschehens

„An diesem Ort [...] liegt die deutsche, liegt die preußische Geschichte begraben, jedenfalls die militärische." (S. 9) Mit dieser Aussage beginnt der Graue seine Führung über den durch Kriegseinwirkung und den Ausbau der Grenzbefestigungen zerstörten Invalidenfriedhof. Damit betont er dessen Charakter als Symbolort der Geschichte zwischen 1748 und 1945.

*Ein Friedhofsrundgang*

Ursprünglich war der Friedhof Teil eines von Friedrich II. 1747/48 errichteten Invalidenhauses, in dem die kriegsversehrten Soldaten nach ihrer Entlassung aus dem aktiven Dienst eine Heimstatt finden sollten. Nach den Befreiungskriegen gegen das Frankreich unter Napoleon 1813/15 wurden dort vor allem hohe Militärs bestattet, ab Ende des 19. Jahrhunderts auch immer mehr Zivilisten.

*Gründung unter dem Preußenkönig Friedrich II.*

Nach dem Ersten Weltkrieg verlor der Friedhof seinen Charakter als militärische Einrichtung und wurde in eine „Stiftung Invalidenhaus" umgewandelt. Nach 1925 begann man mit dem Einebnen älterer Gräber und reduzierte dadurch die Zahl der Grabstätten auf ca. 3000. 1933 wurde die Protagonistin Marga von Etzdorf auf dem Friedhof begraben. Der Umgang der Nationalsozialisten mit dem preußischen Erbe war widersprüchlich. Weil die alte preußische Führungsschicht als elitär galt, sollte der Friedhof überbaut werden, andererseits gab es Pläne, den Symbolcharakter des Ortes für die eigenen Ziele zu instrumentalisieren. Dafür sollten die wichtigsten Grabmale in einer riesigen „Soldatenhalle" aufgestellt werden. Wenige Vertreter der NS-Führung wurden auf dem Friedhof beerdigt, wie etwa der für die Romanhandlung wichtige Reinhard Heydrich oder Fritz Todt (1891–1942), der Reichsminister für Bewaffnung und Munition. Die Gräber der beiden sind heute nicht mehr markiert.

*Der Friedhof bis 1945*

Auch Widerstandskämpfer wie der letzte Kommandant des Invalidenhauses, Oberst Wilhelm Staehle, der ebenfalls eine Stimme im Roman erhält, wurden dort begraben. In der Endphase des Zweiten Weltkriegs wurde der Friedhof zum Kampfgebiet. Die Spuren dieser Kämpfe, die Schäden an einigen Grabstätten, sind heute noch sichtbar und werden während der Handlung immer wieder thematisiert.

*Der Friedhof bis 1990*

Nach Kriegsende wurde der Invalidenfriedhof durch Beschluss des Kontrollrats der Besatzungsmächte als militärisches Objekt beschlagnahmt. Zwar wurde der Friedhofsbetrieb zunächst weitergeführt, aber die Alliierten verlangten die Entfernung militärischer und nationalsozialistischer Denkmale. 1951 wurde der nun zu Ostberlin gehörende Friedhof schließlich ganz geschlossen. Mit Beginn des Mauerbaus am 13. August 1961 ging die Zerstörung des Friedhofs weiter. Einzelne Abschnitte des Friedhofs wurden „Grenzgebiet", sodass Wachtürme, Scheinwerfer, Schießanlagen sowie eine Laufanlage für Wachhunde entstanden und weitere Grabstätten abgebaut wurden. Auch der Grabstein Marga von Etzdorfs wurde im Zuge dessen zerstört. Dass es nicht zum Komplettabriss des Friedhofs kam, liegt wohl daran, dass auf ihm Persönlichkeiten wie von Scharnhorst und Friesen ruhen, die die DDR-Führung propagandistisch für sich zu vereinnahmen suchte. Beide Soldaten haben im Roman eine Stimme bekommen.

*Der Friedhof seit der Wiedervereinigung*

1990, nach der deutschen Wiedervereinigung, wurde der Friedhof mit noch ca. 200 erhaltenen Gräbern unter Denkmalschutz gestellt. In den folgenden Jahren wurden immer mehr Grabdenkmale restauriert, unter anderem der Grabstein Marga von Etzdorfs, außerdem die Friedhofsmauer, von der im Buch ebenfalls die Rede ist.

*Der Friedhof als Symbolort*

Der ehemalige „Heldenfriedhof" steht für den von Kriegen und Gewalt geprägten Strang der preußisch-deutschen Geschichte, der Deutschland im Allgemeinen und den Friedhof im Besonderen als Ruinenlandschaft zurückließ.

Der Friedhof ist der Ort, an dem die im Buch erzählten Geschichten enden, er verbindet damit die unterschiedlichen Handlungsstränge und Zeitebenen. Geführt durch den Grauen bewegt sich der Ich-Erzähler an einem düsteren Wintertag durch das von den Folgen der Geschichte verwüstete Toten- bzw. Schattenreich. Nicht nur deswegen ist der Friedhof keine echte Ruhestätte, sondern auch, weil viele der Toten keine Ruhe finden können. Der Graue betont, dass nur Personen, die noch mit der preußisch-deutschen Geschichte vertraut sind, ihre Stimmen wahrnehmen können. Damit wird auch die Frage aufgeworfen, was Marga als einzige Frau unter den vielen Militärs verloren hat. Zudem lässt Timm auch die zivilen Opfer der kriegerischen Geschichte Deutschlands zu Wort kommen, wie die Juden, aber auch die Flüchtlinge und Vertriebenen aus dem deutschen Osten.

### Der Invalidenfriedhof: ein historischer Ort mit unruhigen Toten

| Geschichtliche Epoche | Auftreten, Repräsentanten im Roman (Beispiele) |
| --- | --- |
| Preußische Geschichte im 18. Jahrhundert | Bericht über den Offizier Ewald von Kleist |
| Befreiungskriege | Friedrich Friesen, Scharnhorst und sein Pferd |
| Deutsches Reich | Von Moltke, von Schlieffen, Udet |
| Revolution und Weimarer Republik | Hauptmann Berthold |
| NS-Zeit | Oberst Staehle, SA-Mann Maikowski, Reinhard Heydrich |
| Nachkriegszeit | Grabredner und Jazzpianist |

→ **Durch den Kunstgriff der sprechenden Toten reicht die erzählte Zeit bis ins 18. Jahrhundert zurück.**

→ **Außerdem wird die zeitliche Abfolge aufgehoben; alles scheint Gegenwart zu sein.**

## Die preußisch-deutsche Geschichte im Roman „Halbschatten"

Der Roman „Halbschatten" spiegelt auf vielfältige Weise die deutsche, insbesondere die preußische Geschichte, seit dem 18. Jahrhundert wieder. Im Folgenden werden der historische Hintergrund und sein Widerhall im Roman verknüpft.

Preußen – europäische Großmacht mit starker Armee

Die Geschichte des Königreichs Preußen begann mit der Annahme der preußischen Königswürde durch den Hohenzollern Friedrich III. (1657–1713), Kurfürst von Brandenburg, im Jahr 1701. Sein Nachfolger Friedrich Wilhelm I. (1688–1740), der „Soldatenkönig", reformierte die Armee und führte dabei die Wehrpflicht ein. Das Militär wurde zum Garanten des machtpolitischen Aufstiegs Preußens. Friedrich II. („der Große") (1712–1786) vergrößerte in zahlreichen militärischen Auseinandersetzungen Preußens Territorium um Schlesien und um vormals polnische Gebiete (Erste polnische Teilung 1772). Preußen stieg als fünfter Staat in den Kreis der europäischen Großmächte auf. Entscheidend dafür war der Siebenjährige Krieg (1756–1763), in dem Preußen an der Seite Großbritanniens gegen eine breite Koalition der anderen europäischen Großmächte um Schlesien kämpfte. Dabei stand Preußens Existenz auf dem Spiel: Zwar besiegte Friedrich 1757 in der Schlacht bei Leuthen ein überlegenes österreichisches Heer, erlitt aber 1759 in der Schlacht von Kunersdorf eine herbe Niederlage gegen Truppen aus Österreich und Russland. Dabei musste Friedrich schwere Verluste hinnehmen, er selbst entkam dem Tod nur knapp und soll an Selbstmord gedacht haben, da dem Feind der Weg nach Berlin offen zu stehen schien. Insgesamt entging Preußen nur durch den Tod der Zarin Elisabeth 1762 dem Untergang, da ihr Nachfolger mit Preußen ein Friedensbündnis schloss.

### Die Epoche im Roman – Beispiele:

● Aus einem Bericht über den in der Schlacht von Kunersdorf verwundeten Offizier Ewald von Kleist wird zitiert (vgl. S. 111–113),

- ein unvollendet gebliebenes Bild von Adolph von Menzel von einer Ansprache Friedrichs vor der Schlacht von Leuthen gibt den Anlass, über die Brutalität des Krieges zu sprechen (vgl. S. 108–110),
- der Graue und der Ich-Erzähler diskutieren über Friedrichs Leistungen (vgl. S. 88–91),
- Lessings Lustspiel „Minna von Barnhelm", das in der Zeit dieses Krieges situiert ist, wird dadurch in die Handlung eingeflochten, dass Miller an Aufführungen des Stückes mitwirkt (vgl. S. 82).

Nachdem Preußen sein Territorium unter Friedrichs Nachfolgern weiter vergrößern konnte, bildete die Niederlage gegen Napoleons Frankreich in der Schlacht bei Jena und Auerstedt 1806 einen Tiefpunkt. Preußen musste unter demütigenden Bedingungen mit dem Angreifer Frieden schließen und große Teile seines Staatsgebietes abgeben. Reaktion auf diese Situation waren die berühmten Reformen unter Karl August Fürst von Hardenberg (1750–1822) und Karl Freiherr vom Stein (1757–1831), die den Staat modernisieren sollten. Ein wichtiger Bestandteil war die Reform des preußischen Heeres, für die v. a. Gerhard von Scharnhorst (1755–1813) verantwortlich war. Er formte aus dem alten Söldnerheer ein modernes Volksheer und schuf so die Voraussetzung für die Siege über Frankreich im Zuge der „Befreiungskriege" (1813–1815), die zum Ende der Herrschaft Napoleons in Europa führten. Die Niederlage Napoleons beim Russlandfeldzug 1811/12, der verlustreiche Rückzug der „Grande Armee" und das Drängen der Bevölkerung veranlassten den anfangs zögerlichen Preußenkönig Friedrich Wilhelm III. (1770–1840) damals, ins antinapoleonische Lager zu wechseln. So kam es, dass reguläre preußische Einheiten zusammen mit Freiwilligenverbänden aus patriotischen jungen Männern kämpften. Nachdem auch noch Österreich der antinapoleonischen Koalition beigetreten war, konnte die Macht des Korsen gebrochen werden. Bekannt in

Die Zeit der „Befreiungskriege" gegen Napoleon

diesem Zusammenhang ist die berühmte „Völkerschlacht" bei Leipzig (1813), die mit einer schweren Niederlage Napoleons und dessen Rückzug aus Deutschland endete.

**Die Epoche im Roman – Beispiele:**

- Scharnhorsts Pferd kommt „zu Wort" und der Graue informiert über das Leben Scharnhorsts (vgl. S. 166–168),
- die Stimme des Nationalisten Friedrich Friesen, Mitglied des berühmten lützowschen Freicorps, ist zu hören, der 1814 während der Befreiungskriege fiel (vgl. S. 76 f.).

*Preußen – Motor der Reichsgründung*

Nach dem Wiener Kongress 1815 galt Preußen zusammen mit Österreich als Hauptvertreter der Restauration im neu gegründeten Deutschen Bund, welcher auf die Wiederherstellung der vorrevolutionären Zustände abhob. Die beiden Führungsmächte und Rivalen versuchten dabei, freiheitliche und demokratische Bestrebungen zu unterdrücken. Die folgenden Jahrzehnte waren geprägt von raschen Veränderungen wie der zunehmenden Industrialisierung und der wachsenden Bedeutung des Nationalismus. In den „Einigungskriegen" (1864–1871) verdrängte Preußen unter Reichskanzler Otto Fürst von Bismarck schließlich den Rivalen Österreich aus Deutschland. Nach dem Sieg über Frankreich konnte 1871 das deutsche Kaiserreich ausgerufen werden, an dessen Spitze der preußische König rückte. Trotz der fehlenden Mitbestimmungsmöglichkeiten wurde der neu geschaffene Nationalstaat von weiten Teilen der Bevölkerung begrüßt. Das Deutsche Reich, eine autoritäre Monarchie, wurde zur wirtschaftlichen und militärischen Großmacht und betrieb in der Zeit des Imperialismus eine aggressive Außenpolitik, die wesentlich zum Ausbruch des Ersten Weltkriegs 1914 beitrug. Die Niederlage 1918 führte dann zum Ende der Hohenzollernherrschaft in Deutschland.

**Die Epoche im Roman – Beispiele:**

- Der preußische Generalstabschef von 1914, Helmuth Johannes Ludwig von Moltke (1848–1916) kommt zu Wort, auf seinen Onkel, Helmuth Graf von Moltke

(1800–1891), der als preußischer Stratege 1870/71 maßgeblich zum Sieg über Frankreich beitrug, wird verwiesen (vgl. S. 234),

- Generalstabschef Alfred von Schlieffen (1833–1913) erhebt seine Stimme; er und Moltke zeichneten für den „Schlieffenplan" verantwortlich, der im Kriegsfall eine rasche Niederwerfung Frankreichs im Westen vorsah, um einen Zweifrontenkrieg zu vermeiden. Dabei sollten die Truppen über das neutrale Belgien vorstoßen und Frankreich in den Rücken fallen (vgl. S. 203),
- von der deutschen Beteiligung bei der Niederschlagung des Boxeraufstands in China wird berichtet (S. 67 f.),
- die fiktive Figur Christian von Dahlem erlebt den Ersten Weltkrieg als Soldat im Schützengraben, später als Pilot der neuen Waffengattung Luftwaffe (vgl. S. 24–26).

Die Aussichtslosigkeit der militärischen Lage, Versorgungsengpässe und die wachsende Unzufriedenheit mit der Regierung verschärften das innenpolitische Klima gegen Ende des Krieges. Ein Aufstand von Matrosen im Oktober 1918 entzündete den Funken einer revolutionären Bewegung vor allem aus Arbeitern und Soldaten, die bald ganz Deutschland erfasste. Um die Situation in Berlin zu beruhigen, verkündete der damalige Reichskanzler Max von Baden (1867–1929) am 9. November 1918 eigenmächtig die Abdankung von Kaiser Wilhelm II. Bis Ende des Monats wurden alle deutschen Monarchen zur Abdankung gezwungen. Ebenfalls am 9. November 1918 rief der Sozialdemokrat Philipp Scheidemann (1865–1939) die Republik aus, in der sein Parteifreund Friedrich Ebert (1871–1925) die Reichskanzlerschaft übernahm. Während die gemäßigten Sozialdemokraten die Revolution nun rasch beenden wollten, forderten radikale Kräfte eine Fortführung der Revolution und eine Umgestaltung des Staates nach russischem Vorbild. Zur Bekämpfung der radikalen Linken setzte

*Revolutionszeit und Weimarer Republik*

Ebert auf ein Bündnis mit den alten Eliten. Freikorps, paramilitärische Einheiten aus oft nationalistisch eingestellten Weltkriegssoldaten, die sich dem Übertritt ins Zivilleben verweigerten, trugen zur gewaltsamen Niederschlagung revolutionärer Bestrebungen bei. 1919 wurde die Weimarer Republik als parlamentarische Demokratie gegründet. Im Versailler Vertrag musste der neue Staat harte Friedensbedingungen akzeptieren, unter anderem eine umfangreiche Abrüstung und starke Einschränkung der Luftwaffe. Während Deutschland nach dem Krieg nach außen hin zunächst isoliert war, bedrohten Wirtschaftskrisen, Putschversuche von rechts und links die Republik. Nach einer kurzen Phase der relativen Stabilisierung in der zweiten Hälfte der 1920er-Jahre sank im Zuge der Weltwirtschaftskrise Anfang der 1930er-Jahre die Zustimmung zur Republik in den Keller, während zugleich die politische Rechte sich anschickte, die erste deutsche Demokratie zu beseitigen.

**Die Epoche im Roman – Beispiele:**

- Miller schildert von Dahlems Eintreten für das Herzogpaar in der vormaligen Residenzstadt Coburg während der Revolutionszeit Ende 1918 und dessen rechtlich zweifelhafte Adelung (vgl. S. 82–85),
- Fliegerhauptmann Berthold kommt zu Wort, der ein Freikorps anführte, das erst bei Kämpfen im Baltikum eingesetzt war und mit dem er sich 1920 am gescheiterten Kapp-Putsch gegen die demokratische Regierung beteiligte; er wurde nach Kapitulation seines Freikorps von Arbeitern erschossen (vgl. S. 131 f.),
- Margas Waffenschmuggel und von Dahlems Waffenschiebereien (vgl. S. 80–82) müssen vor dem Hintergrund der Rüstungsbeschränkungen für Deutschland infolge der Niederlage im Ersten Weltkrieg gesehen werden (vgl. S. 230 f.)
- Heydrich berichtet von seiner unrühmlichen Entlassung aus der Marine (vgl. S. 95 f.).

Am 30. Januar 1933 ernannte Reichspräsident Paul von Hindenburg (1847–1934) Adolf Hitler zum Reichskanzler, was in der NS-Propaganda zur „Machtergreifung" stilisiert wurde. In der Folgezeit wurden Parlamentarismus und Föderalismus beseitigt, die Grundrechte aufgehoben, staatlicher Terror gegen Andersdenkende angewendet und so gut wie alle gesellschaftlichen Einrichtungen „gleichgeschaltet", um eine totalitäre Diktatur aufzubauen, die alle Lebensbereiche durchdringen sollte. Ausgegrenzt aus der nationalsozialistischen „Volksgemeinschaft" wurden die jüdischen Deutschen, gegen die sich die Maßnahmen der „Judenpolitik" richteten. So degradierten die berüchtigten „Nürnberger Gesetze" 1935 Juden zu Bürgern zweiter Klasse und verboten sexuelle Beziehungen und Ehen zwischen Juden und Nichtjuden. Zudem wurden Juden aus dem Geschäftsleben verdrängt, ihre Unternehmen wurden „arisiert", d. h., sie konnten in der Regel billig von nicht jüdischen Konkurrenten übernommen werden. 1938 initiierte die nationalsozialistische Führung mit der „Reichskristallnacht" ein reichsweites antijüdisches Pogrom.

Nach außen strebte Hitler zunächst die Revision des Versailler Vertrags an, darüber hinaus zielte er auf die Errichtung eines Großdeutschen Reichs auf Basis seiner sozialdarwinistischen „Lebensraumpolitik" ab. Im September 1939 entfesselte er daher mit dem Überfall auf Polen den Zweiten Weltkrieg, der besonders mit dem Überfall auf die Sowjetunion 1941 den Charakter eines Rasse- und Vernichtungskriegs annahm. Mit äußerster Brutalität verfolgte die NS-Führung das Ziel der Ausrottung der europäischen Juden. SS-Einsatzgruppen operierten im Osten hinter den Frontlinien und erschossen Millionen von Menschen. Bald nahm der Völkermord an den Juden industriellen Charakter an. Aus den von Deutschland und seinen Verbündeten besetzten Gebieten Europas wurden Juden nach Osten deportiert. In Auschwitz-Birkenau und anderen Vernichtungslagern wurden sie zu Hunderttausenden vergast. Bei

Nationalsozialismus und Zweiter Weltkrieg

der Organisation des Massenmordes an den Juden und anderer Kriegsverbrechen kam dem 1939 gegründeten und später von Heydrich geleiteten Reichssicherheitshauptamt (RSHA) innerhalb der von Heinrich Himmler angeführten SS eine zentrale Rolle zu. 1942/43 ging die militärische Initiative im Osten Europas immer stärker an die Rote Armee über. Ab 1944 rückten sowjetische Truppen fast unaufhaltsam Richtung Westen vor und lösten eine Fluchtbewegung in Ostpreußen und anderen Teilen des Deutschen Reichs aus. Im Westen gelang amerikanischen und britischen Truppen 1944 eine Invasion in Frankreich. In den Folgemonaten drängten sie die Wehrmacht immer weiter nach Osten zurück und überquerten schließlich den Rhein. Nachdem die Rote Armee die Oder überschritten hatte, setzte ab dem 16. April die Schlacht um Berlin ein, das bis zum 2. Mai eingenommen werden konnte. Am 30. April beging Hitler im Führerbunker in Berlin Suizid, eine Woche später, am 8. Mai 1945, war der Zweite Weltkrieg in Europa zu Ende.

**Die Epoche im Roman – Beispiele:**

- Marga begeht zu Beginn der NS-Herrschaft Selbstmord (vgl. S. 79 f.),
- der SA-Führer Hans Eberhard Maikowski stirbt anlässlich der Feier der „Machtergreifung" (vgl. S. 28 f.),
- von Dahlem dient als Fernaufklärer in der Luftwaffe (vgl. S. 242),
- Fräulein Erpenbeck arbeitet im RSHA und hat eine Affäre mit Heydrich (vgl. S. 99–104),
- Fräulein Erpenbeck wird an die Ostfront versetzt und hat eine Affäre mit Miller (vgl. S. 97 f.),
- Heydrich erliegt den Folgen eines Attentats in Prag (vgl. S. 190 f.),
- deutsche Kriegsflüchtlinge aus dem Osten berichten von ihren Erlebnissen (vgl. z. B. S. 259 f.),
- auf die Judenvernichtung wird über hergewehte Asche und jiddische Stimmen verwiesen (vgl. S. 78),

- Miller wird kurz vor Kriegsende von fanatisierten Jugendlichen ermordet (vgl. S. 254),
- der Widerstandskämpfer Oberst Staehle wird verhört (vgl. S. 87) und hingerichtet.

Die alliierten Siegermächte setzten sich zum Ziel, Preußen zu zerschlagen und den deutschen Militarismus auszurotten. Interessenskonflikte zwischen den Westalliierten und Stalins Sowjetunion führten zum Auseinanderbrechen der Anti-Hitler-Koalition, zur Teilung Deutschlands und Europas und zum Kalten Krieg. 1949 entstanden im Zuge dieser Entwicklung zwei deutsche Teilstaaten, die demokratische Bundesrepublik und die DDR-Diktatur, die beide auf unterschiedliche Art und Weise den Bruch mit dem Nationalismus betrieben. Erst nach Überwindung der Teilung entstand 1990 wieder ein deutscher Nationalstaat. — *Nachkriegszeit*

**Die Epoche im Roman – Beispiele:**
- Die Epoche spielt insgesamt eine geringe Rolle, wohl um die Bedeutung der Zäsur zu betonen,
- der Jazzpianist und Grabredner irrt auf dem Friedhof herum (vgl. S. 65),
- von Träumen des Ich-Erzählers wird berichtet (vgl. S. 92–94),
- die Rahmenhandlung mit dem Grauen und dem Ich-Erzähler findet statt (vgl. z. B. S. 7–10).

# Marga von Etzdorf – eine „kühne Schwester des Ikarus"

Am 1. August 1907 kam Marga als Tochter des preußischen Hauptmanns Fritz Wolff und seiner Gattin Margarethe, geborene von Etzdorf, in Berlin-Spandau auf die Welt. Nachdem ihre Eltern 1911 bei einem Unfall ums Leben gekommen waren, wuchsen Marga und ihre Schwester auf dem Gut des Großvaters General Ulrich von Etzdorf auf. — *Kindheit*

Karriere in der
Männerdomäne
Luftfahrt

Mit 19 Jahren begann die sportliche junge Frau eine Ausbildung zur Pilotin, die sie im Dezember 1927 erfolgreich abschloss. Dafür gab es zu dieser Zeit kaum Rollenvorbilder, denn Fliegen war eine Männerdomäne. 1911 hatte Melli Beese (1886–1925) als erste Frau die Flugzeugführerlizenz erhalten, nach dem Ersten Weltkrieg hatte nur Thea Rasche (1899–1971) vor Marga von Etzdorf die Prüfung abgelegt. Wie Rasche bestand auch diese die Kunstflugprüfung und schaffte es 1928, als erste Frau von der Lufthansa als Kopilotin eingestellt zu werden. In ihrem Reisebuch erzählt sie darüber in sarkastischem Tonfall: „Da bis jetzt bei Luft Hansa (sic!) noch niemals eine Frau als ‚zweiter Führer' [Flugzeugführerin] eingestellt worden war, begegnete ich zunächst etwas erstaunten Gesichtern bei den Herren, denen ich meine Bitte vortrug. Aber als zweiter Führer konnte ja selbst eine Frau kein Unheil anrichten. Dieser Überlegung verschloss man sich nicht und ich bekam die Erlaubnis."[1] In einer Junkers F-13 beflog Marga von Etzdorf die Strecken Berlin – Breslau und Berlin – Stuttgart – Basel. Den nächsten Flugschein musste sie unter erschwerten Bedingungen erwerben, da Frauen an der Deutschen Verkehrsfliegerschule nicht zugelassen waren.

Langstrecken-
flüge mit „Kiek
in die Welt"

1930 konnte sie unter Einsatz ihres gesamten Vermögens und mit Unterstützung der Großeltern ein eigenes Flugzeug kaufen, eine einmotorige Junkers A 50, die sie gelb spritzte und „Kiek in die Welt" nannte. Zuerst führte sie damit Reklame-, Passagier- und Kunstflüge durch, später machte sie sich als Langstreckenfliegerin einen Namen. Im November 1930 flog sie von Berlin über Basel und Lyon nach Madrid, von dort über Rabat in Marokko auf die Kanaren. Beim Rückflug musste sie auf Sizilien notlanden, am nächsten Tag beschädigte sie ihre Maschine beim

---

[1] Zitiert nach: „Die kühnen Schwestern des Ikarus", FAZ, 03.08.2006, Nr. 178/Seite R2

Starten so schwer, das ihr Flugzeug per Bahn zurück nach Deutschland gebracht werden musste. 1931 plante von Etzdorf, als erste Frau nach Japan zu fliegen. Nach elf Flugtagen und zahlreichen Zwischenlandungen erreichte sie am 29. August 1931 die japanische Hauptstadt Tokio und wurde dabei von einer großen Menschenmenge begrüßt. Während ihres sechswöchigen Aufenthalts in Japan ließ sie ihr Flugzeug reparieren. Der chinesische Bürgerkrieg sorgte dafür, dass Margas Heimkehr sich verzögerte. Beim Start in Bangkok stürzte sie aufgrund eines Motorschadens aus ca. 80 Metern Höhe ab und verletzte sich dabei schwer. Weil „Kiek in die Welt" einen Totalschaden hatte, flog von Etzdorf mit einem Verkehrsflugzeug zurück. Zur Verbesserung ihrer finanziellen Situation hielt sie Vorträge über den Flug nach Japan, während sie mit den Planungen für einen Alleinflug nach Australien begann.

Weil ihr Ruf unter den Abstürzen gelitten hatte, fiel es ihr nicht leicht, an ein Flugzeug zu gelangen. Schließlich konnte sie sich eine Maschine des Flugzeugbauers Klemm leihen und zu dem Rekordflug nach Australien aufbrechen. Am 28. Mai 1933 unterlief ihr aber bei der Landung im syrischen Aleppo ein folgenschwerer Fehler, der zu einem Schaden der Maschine führte, während sie selbst unverletzt blieb. Kurz nach der Landung erschoss sich die 25-jährige Marga von Etzdorf mit einer Maschinenpistole. In ihrem Gepäck fanden die Franzosen eine Kamera und einen Brief des ehemaligen Fliegerhauptmanns Ernst Heymann, der zu dieser Zeit für eine Rüstungsfirma arbeitete und Kontakte mit der Reichswehr, der SS und der NSDAP pflegte. Mit diesem Schreiben übermittelte Heymann Marga von Etzdorf die Maschinenpistole, dazu Kataloge sowie Preislisten auch in englischer Sprache, und äußerte die Hoffnung, diese könne auf ihrem Flug Kunden für die Maschinenpistole akquirieren. Über die Ursachen für den Selbstmord kann nur spekuliert werden. Nach einer Unter-

*Margas letzter Flug und ihr Selbstmord*

suchung wurde der konservierte Leichnam Marga von Etzdorfs nach Deutschland gebracht, wo er im Juli 1933 mit
großem Pomp bestattet wurde. So versuchten die Nationalsozialisten, die tote Fliegerin als deutsche Heldin zu vereinnahmen.

## Uwe Timm – Leben und Werk

Kindheit und Jugend

Uwe Timm kam am 30. März 1940 in Hamburg als drittes
Kind des Kürschners[1] Hans Timm zur Welt. Bei seinem auto-
ritären Vater stand er im Schatten des weit älteren Bruders
Karl-Heinz, der sich freiwillig zur SS-Totenkopfdivision mel-
dete und 1943 während des Russlandfeldzugs seinen
schweren Verletzungen erlag. Ebenfalls 1943 wurde die
Familie Timm in Hamburg ausgebombt und Uwe Timm mit
seiner Mutter zu einem Verwandten in Coburg evakuiert,
während der Vater als Soldat im Krieg war. Bald nach Kriegsende 1945 kehrten die Timms zurück nach Hamburg, wo
Timms Vater eine Kürschnerei eröffnete. Uwe Timm machte
nach dem Besuch der Volksschule eine Kürschnerlehre, lei-
tete nach dem Tod des Vaters 1958 einige Jahre lang das
anfangs hoch verschuldete Geschäft und holte schließlich
1963 sein Abitur nach. Während seiner Zeit am Braun-
schweig-Kolleg freundete Timm sich mit Benno Ohnesorg
(1940–1967) an, der später zur Ikone der 1968er-Bewe-
gung[2] wurde.

---

[1] Handwerker, der Tierfelle zu Pelzen verarbeitet

[2] In den 1960er-Jahren kam in weiten Teilen der westlichen Welt eine
linksgerichtete Protestbewegung auf, die in der Bundesrepublik stark
von den Studierenden getragen wurde. Die Proteste richteten sich
u. a. gegen den Vietnamkrieg, gegen den Kapitalismus und gegen die
als zu konservativ empfundenen Wertvorstellungen der Elterngenera-
tion. In der Bundesrepublik wurde zudem die nach Meinung der Pro-
testierenden fehlende Aufarbeitung des Nationalsozialismus durch die
Generation der Eltern und Großeltern kritisiert.

Ab 1963 studierte Timm in München, später in Paris Philosophie und Germanistik. Dabei erlebte er die Studentenrevolte Ende der 1960er-Jahre mit und war als Mitglied des Sozialistischen Deutschen Studentenbunds (SDS) politisch aktiv. 1971 promovierte er mit einer Arbeit über den französischen Schriftsteller und Philosophen Albert Camus (1913–1960). Seither ist Timm als – sehr produktiver – freier Schriftsteller tätig. Er ist verheiratet mit der Literaturkritikerin und Übersetzerin Dagmar Ploetz und hat vier Kinder. Timm lebt wechselnd in München und in Berlin.

*Studium*

Uwe Timm (2012)

Nach seinem Debüt als Lyriker mit dem politisch geprägten Band „Widersprüche" trat Timm v. a. als Verfasser erzählender Texte in Erscheinung. Sein Werk ist stark geprägt von der Auseinandersetzung mit der 1968er-Bewegung und deren Aufarbeitung. Sein Debütroman „Heißer Sommer" (1974) gilt als eines der wenigen literarischen Zeugnisse dieser Zeit. Der Roman „Rot" (2001) beschäftigt sich ebenfalls mit der 1968er-Bewegung sowie ihren Nachwirkungen und nimmt dabei 30 Jahre deutsche Geschichte in den Blick. Die Hauptfigur des Romans, der „Altachtundsechziger" Thomas Linde, ein Jazzpianist und Grabredner, irrlichtert auch im Roman „Halbschatten" über den Invalidenfriedhof, freilich ohne dort Ruhe zu finden. Im Roman „Der Freund und der Fremde" (2007) spürt Timm seiner Freundschaft zu Benno Ohnesorg nach, der am 2. Juni 1967 während einer Berliner Demonstration von einem Polizisten erschossen wurde und dessen Tod als Auslöser der deutschen Studentenrevolte angesehen wird. In der autobiografischen Erzählung „Am Beispiel meines Bru-

*Schriftstellerei*

ders" (2003) setzt der Autor sich mit der eigenen Kindheit und dem Verhältnis zu Vater und Bruder auseinander. Oft geht es Timm um das Besondere im Alltäglichen. Sein wohl bekanntestes Werk, die Novelle „Die Entdeckung der Currywurst" (1993), greift Kindheitserinnerungen auf und schildert in erzähltechnisch kunstvoller Weise eine rührende Liebesgeschichte in Hamburg zur Zeit des Endes des Zweiten Weltkriegs, während die Erfindung der Currywurst nebenbei passiert. Dieses Buch zeigt in besonderer Weise, dass es Timm bei der Auseinandersetzung mit der eigenen Biografie und der deutschen Geschichte nicht darum geht, ein Abbild der Wirklichkeit zu schaffen, sondern eine eigene, kunstvoll gestaltete Wirklichkeitsvariante. In poetologischen Werken wie „Erzählen und kein Ende. Versuch zu einer Ästhetik des Alltags" (1993) und „Von Anfang und Ende. Über die Lesbarkeit der Welt" (2009) reflektiert Timm über den Schaffensprozess des Schriftstellers und betont dabei die Bedeutung des Alltäglichen als Ausgangspunkt für die Entstehung von Literatur. Timms Lust am Erzählen, ja am Fabulieren, schlägt sich auch in verschiedenen Jugendbüchern nieder, die er für seine Kinder verfasst hat. Das bekannteste darunter ist „Rennschwein Rudi Rüssel" (1989). Daneben machte Timm als Verfasser von Drehbüchern von sich reden. Für seine Werke erhielt Timm zahlreiche Auszeichnungen und Preise.

**Sein Schreiben** In seinen veröffentlichten Poetikvorlesungen „Erzählen und kein Ende" nennt Timm die Gründe, die ihn zum Schreiben bringen. Zum einen ist dies die Berufung oder der innere Antrieb, zum anderen der Wunsch, sich selbst Klarheit über die Welt zu verschaffen, die Wahrnehmung zu schärfen und zu erweitern, erlittene Verletzungen bzw. Ängste und Triebe zu verarbeiten, dem Denken eine Struktur zu geben und eine eigene Struktur zu erschaffen. Darüber hinaus erhält Timm Anregungen durch Bilder im Alltag. Literatur wird so zum Mittel, Distanz zum Erlebten zu schaffen und sich die-

ser Distanz bewusst zu werden, sich mit sich selbst zu verständigen und den eigenen Bewusstseinszustand zu
verändern, letztlich den Leser auch aufzuklären. Für Timm
hat Literatur nicht die Aufgabe, die Wirklichkeit einfach
abzubilden, vielmehr soll sie zeigen, wie interpretierbar die
Wirklichkeit ist, soll Widersprüche zeigen und Möglichkeiten eröffnen ohne moralisches Urteil.

Uwe Timm besuchte den damals noch verwahrlosten Invalidenfriedhof bald nach dem Mauerfall und stieß dabei auf
das Grab von Marga von Etzdorf, das sein Interesse weckte.
Im Roman wird aus den verschiedensten Perspektiven über
Wendepunkte der preußisch-deutschen Geschichte reflektiert, wobei das Sprechen der Toten wie eine Erweiterung
des eigenen Denkens wirkt und die Geschichte neu
beleuchtet. So erhält der Leser etwa über Fräulein Erpenbeck eine neue Sicht auf die Person Heydrich. Der Autor
erschafft eine neue Struktur, die durch die Montagetechnik
aber sehr offen bleibt und aufgrund der fehlenden Ordnung und Linearität nicht immer leicht zu verstehen ist.
Durch die Strukturierung des Stoffes und durch fiktionale
Ergänzungen wie den Waffenschmuggel und die Liebe
Margas zu von Dahlem bietet Timm neue Deutungsansätze
für den Selbstmord von Marga von Etzdorf. Inwieweit der
Roman „Halbschatten" dem Autor bei der Verarbeitung
von Verletzungen bzw. Ängsten und Trieben hilft, kann nur
spekuliert werden. Durch seine Familiengeschichte ist der
Autor in vielfältiger Weise mit der Geschichte des Romans
verbunden, was auf den Seiten 92 bis 94 deutlich wird, als
sich der Timm nahestehende, ansonsten passive Ich-Erzähler unvermittelt mit dem Worten „Ich. Ich. Ich" (S. 93) in
die Handlung einbringt, womöglich ausgelöst durch eine
Anekdote über von Dahlems Auftreten in Coburg 1918. Als
Student auf einer Münchner Straße stehend, erinnert sich
der Erzähler an einen Soldatenaufmarsch in Berlin, obwohl
Timm zu diesem Zeitpunkt noch nie in der Hauptstadt

Anwendung auf
den Roman
„Halbschatten"

gewesen ist, sondern offensichtlich Kindheitserinnerungen aus Coburg nach Berlin transferiert. Diese Bilder seien womöglich „gemästet" vom Erzähler und vom Verschweigen des Vaters und seiner Kameraden. Timms Vater Hans war „überzeugter Soldat und Preuße, kein Nazi, aber ein Deutschnationaler durch und durch",[1] hatte sich im Ersten Weltkrieg freiwillig gemeldet und schloss sich nach Kriegsende einem Freikorps an, das im Baltikum die Bolschewisten bekämpfte[2]. Im Zweiten Weltkrieg diente Hans Timm in der Luftwaffe, ohne selbst fliegen zu dürfen. Seinen Sohn Uwe erzog er militärisch, stolz war der Vater auf dessen im Krieg gefallenen Bruder Karl-Heinz, einen überzeugten Nationalsozialisten. Uwe Timm gab an, viele Verstorbene des Invalidenfriedhofs aus Erzählungen seines Vaters aus seiner Kindheit zu kennen. Man kann sagen, dass Timm sich im „Halbschatten" in die Welt des Vaters zurückbegibt. Die Schreckensvision des Ich-Erzählers könnte somit als Abwehrreaktion vor einer gefühlten Vereinnahmung durch den deutschen Militarismus gedeutet werden. Der Verfasser selbst sieht die fiktive Figur von Dahlem als Idealbild des Vaters.

## Der Roman „Halbschatten" in der Kritik

„Deutsches Requiem"

In seiner gleichnamigen Rezension in der „ZEIT" vom 17. Oktober 2008 zeigt sich Ulrich Greiner angetan von der anfangs zwar verwirrenden, aber ungewöhnlichen und schönen Erzählweise des Romans, der für ihn eine Mischung aus Requiem und vergeblicher Liebesgeschichte darstellt und der „auf kunstvolle Weise das Historische mit dem Poetischen verschränkt". Die gemeinsame Nacht Margas

---

[1] Uwe Timm im Berliner „Tagesspiegel" (04.09.2008)
[2] Im Roman kommt mit Hauptmann Berthold der Führer eines jener Freikorps zu Wort.

und von Dahlems in Hiroshima ist für ihn das „ruhende Auge im Wirbel der Lebensfragmente". Der Roman zeige, wie der Einzelne unlösbar mit der Geschichte verbunden sei, und hebe auch das chronologische Nacheinander der Geschichte auf, die durch das Stimmengewirr während des Gangs über den Friedhof zur „Allgegenwart" werde. So gelinge es Timm, die „Schatten der Vergangenheit" lebendig zu machen.

Karen Andresen im „SPIEGEL SPECIAL" (6/2008) stellt in ihrer Rezension vor allem die ungewöhnliche Geschichte Margas und ihre unerwiderte Liebe zu von Dahlem in den Mittelpunkt. Für sie ist Marga eine Frau auf der Suche nach privatem Glück, während ihr Heimatland sich anschickt, ganz Europa zu zerstören. Andresen lobt einerseits die kunstvolle Komposition und die Formulierungsgabe Timms. Andererseits moniert sie, dass es dem Leser schwerfällt, sich in die Figuren und die erzählte Zeit allgemein hineinzuversetzen, und stört sich an den aus ihrer Sicht zu zahlreichen „Zwischenrufe[n] der Nazi-Größen". „Stimmen über den Gräbern"

Im Deutschlandfunk wird der Roman am 8. September 2008 von Detlef Grumbach rezensiert, wobei auch der Autor selbst zu Wort kommt, der betont, dass der Invalidenfriedhof ein „hoch verdichteter Ort deutscher Geschichte" ist. Grumbach macht das Gespräch in der Nacht in Hiroshima sowie die Geschichte von Margas letztem Flug 1933 als wichtige Handlungsstränge aus. Ausführlich geht der Rezensent auf eine mögliche Korrumpierung Margas durch die Nationalsozialisten ein, betont aber, dass der Roman letztlich die Motive für Margas Suizid in der Schwebe lässt. Besonders auffällig sei die Figur Miller, der ein typischer Schelm sei, „der Macht, Anmaßung und Pathos mit seinem widerborstigen Sprachwitz bloßstellt". Das Werk „Halbschatten" wird gewürdigt als Roman sowohl über die emanzipatorischen als auch über die zerstörerischen Träume des 20. Jahrhun- „Ein Jahrhundert im Umbruch" derts, wobei für erstere Margas Traum vom Fliegen steht, für letztere die Großmachtfantasien der Nationalsozialisten, im Buch vor allem verkörpert durch die Figur Heydrich. Wie in vielen anderen Rezensionen wird die ungewöhnliche, die Linearität auflösende Erzählweise gelobt, die Handlungsstränge, Bilder und Motive kunstvoll verknüpft und das Schicksal Margas überzeugend mit der Geschichte des 20. Jahrhunderts verbindet. Hervorgehoben wird die Qualität des Werkes als „vielstimmiges Klangbild".

*„Göring und die tote Fliegerin"* Hajo Steinert („DIE WELT" vom 23.08.2008) nennt das Werk „Halbschatten" einen „Roman für den an deutschem Flugwesen interessierten Leser", in dem Timm „einen Sargdeckel nach dem anderen" öffne. Auch Steinert lobt die „multiperspektivische, betont akustisch angelegte Erzählstruktur des Romans", die Komposition als Ganzes sowie die Erfindungs- und Formulierungskünste Timms, der Margas Biografie gewinnbringend mit fiktiven Figuren ergänze, deren Beiträge effektvoll inszeniert würden. Steinert kritisiert jedoch, dass das Kompositionsprinzip des Romans beim Leser wenig Spannung und Identifikationsbereitschaft aufkommen lasse und sich zudem die Stimmen der Toten nicht immer leicht unterscheiden ließen. Darüber hinaus würden sie zu viel Raum in der Handlung einnehmen und von der Geschichte Margas ablenken. Besonders Heydrich wirke in dieser Hinsicht als „Fremdkörper". Dies bringt Steinert dazu, die Frage aufzuwerfen, ob womöglich eigentlich der Invalidenfriedhof die Hauptfigur der Handlung sei.

*„Nächtliche Schattenspiele"* Für den Schweizer Schriftsteller Peter Stamm („Neue Zürcher Zeitung" vom 30.11.2008) ist der Roman „Halbschatten" in erster Linie eine „Dreiecksgeschichte der unausgelebten Gefühle", die Timm in ebenso atmosphärischen wie melancholischen Bildern zeichne. In diesem Zusammenhang geht Stamm genau auf die besondere Erzählsituation in Hiroshima

ein. Mit dem Stimmengewirr aus Kriegshelden und Kriegsverbrechen kann er weniger anfangen, da diese sich nicht zu einem sinnfälligen Ganzen fügten. Überdies blieben die Berichte der Opfer wie der Juden und Vertriebenen blass gegen andere Stimmen. Stamm bemängelt, dass die Frage nach der Schuld der Toten weder gestellt noch beantwortet wird. Die trostlosen Erzählungen würden beim Leser statt Empörung über die Geschehnisse letztlich Gleichgültigkeit hervorrufen.

In der „Frankfurter Rundschau" vom 29. August 2008 nennt Maike Albath Timms Roman eine „Jenseitsreise", die der Graue als Totenwächter mit dem Erzähler, der wenig mehr als ein „überdimensioniertes Ohr" sei, unternehme. Der Roman sei ein nach vielen Seiten hin offenes, kunstvolles Mosaik verschiedener Stimmen, die sich um Marga „als Gravitationszentrum" gruppierten. Der Titel verweise zum einen darauf, dass die Figuren in einem Wechselspiel von Licht und Schatten bzw. durch unterschiedliche Perspektiven an Schärfe gewönnen, zum anderen auf die Gestaltung japanischer Räume, die für die besondere Gesprächssituation in Hiroshima relevant sei. Eine formale Besonderheit des Werkes erkennt Albath darin, dass Timm weniger an epischer Entfaltung als an symbolischer Aufladung einzelner Motive wie dem Fliegen oder dem Zigarettenetui liege. Für die Rezensentin kommt gerade von Dahlem große Bedeutung zu, den sie als „zwielichtige, mephistophelische Figur" bezeichnet. Da er als Einziger nicht aus dem Grab spreche, bleibe er lange im Unscharfen. Auch an ihm zeige sich das Monströse der Zeit, weil er mit seiner distanzierten, unpolitischen Art dem Nationalsozialismus mit den Weg bereitet habe.

*„[K]unstvolles Mosaik"*

Nach Patrick Bahners („Frankfurter Allgemeine Zeitung", 06.07.2009) ist der Roman „Halbschatten" ein „Gewebe aus Erzählungen". Oft vermittle eine ganze Kette von Erzählerfiguren die Handlung, auch wenn letztlich jeder

*„Seufzen und Sausen"*

Episode ein sinnliches Erlebnis vorausgegangen sei. Als Beispiel dafür nennt Bahners die Begegnung Margas mit dem jungen Amerikaner, dessen „Wiedergänger" von Dahlem sei, den er als „problematische[n] Halbgott" bezeichnet. Ein genauer Blick wird auf die Geschlechterrollen geworfen. Marga habe sich immer mehr als Knabe gesehen; ein Liebesverhältnis mit ihr hätte für von Dahlem einen Rollenwechsel bedeutet. Ferner habe Timm den „Sagenschatz des preußisch-deutschen Altertums" ausgegraben, eine Welt, die uns heute sehr fern sei, ohne dem Leser vorzugeben, wie er über diese zu richten habe. Der Rezensent äußert Bewunderung darüber, wie kunstvoll Timm mit intertextuellen Bezügen spielt.

„Hier spricht Deutschland" Eine allgemeine Stärke Uwe Timms sei – so Christoph Schröder in der „taz" vom 23. August 2008 – die gelungene Verbindung von Geschichte und der Biografie Einzelner. Trotzdem stelle es angesichts der vielen ungleichartigen Stimmen eine Herausforderung dar, „Deutschland seit der Zeit Friedrichs II. in einem ästhetischen Konstrukt" zu fassen. Technische Virtuosität bei der Gestaltung des Romans, der Komposition des vielstimmigen Chors und bei der Inszenierung des „Zusammenprall[s] von Geisteshaltungen" wird Timm bescheinigt, wobei die Lebensgeschichte Margas geeignet sei, den Roman zu tragen. Kritisiert wird an der sprachlichen Gestaltung des Romans, dass Timm teilweise zu kitschig schreibt und sich in Albernheiten verliert. Dies sei allerdings auch ein Problem der Romangestaltung. So führe die dominierende Figurenrede zu einem „Authentizitätsdruck" beim Verfasser.

# Der Roman „Halbschatten" in der Schule

## Der Blick auf die Figuren: Die Personencharakterisierung

### Eine literarische Figur charakterisieren – Tipps und Techniken

In einer literarischen Charakterisierung analysiert man neben den äußeren Merkmalen besonders die inneren Wesenszüge einer literarischen Figur, um so zu einer Gesamtinterpretation dieser Figur zu kommen. Achten Sie darauf, dass Ihre Ergebnisse nicht auf der deskriptiven Ebene bleiben, sondern dass Sie konkrete Eigenschaften herausarbeiten und nach diesen Ihre Niederschrift gliedern. Wichtig ist, dass alle Elemente der Charakterisierung – wie äußere Merkmale, charakterisierende Aussagen sowie weiterführende Deutungen – auf der Textvorlage basieren müssen. Mit direkten und indirekten Textbelegen lassen sich die Aussagen über die zu charakterisierende Figur nachvollziehbar begründen. Im Falle des Romans „Halbschatten" liegt eine Schwierigkeit darin, dass der Charakter des Perspektivischen so stark herausgestellt wird. Es ist nicht immer einfach, eindeutige Charaktermerkmale zu ermitteln. Daher bietet es sich an, zu zeigen, auf welche Quelle sich ein Ergebnis stützt.

Die folgenden Aspekte und Leitfragen sind als „Checkliste" eine Hilfe für die Erarbeitung einer literarischen Charakterisierung. Die Niederschrift kann anhand der genannten Aspekte strukturiert werden:

## 1. Personalien und sozialer Status

- Was erfahren wir über den Namen, das Geschlecht und das Alter der Figur?
- Werden auffällige äußere Merkmale beschrieben?
- Wie sind die Lebensverhältnisse und das soziale Umfeld der Figur?
- Gibt es Informationen zur Vorgeschichte der Figur?

## 2. Wesentliche Charaktereigenschaften

- Zeigt die Figur typische Verhaltensweisen und Gewohnheiten?
- Was sind ihre besonderen Wesensmerkmale und Charakterzüge?
- Welches Bild hat die Figur von sich selbst?
- Welche Werte und Einstellungen prägen ihr Handeln?
- Macht die Figur eine innere Entwicklung durch?
- Wie nehmen andere Personen die Figur wahr?
- Welcher Art sind die Beziehungen zwischen der Figur und anderen Personen?

## 3. Kommunikationsverhalten

- Wie kann man den Sprachgebrauch der Figur allgemein beschreiben (Sprachebene, Sprachstil)?
- Welche Auffälligkeiten lassen sich auf Satz- oder Wortebene erkennen (Satzbau, Wortwahl, rhetorische Mittel)?
- Welche Aussagen werden durch die nonverbale Kommunikation (Gestik, Mimik, Körperhaltung) transportiert?
- Welche Gesprächsstrategien verfolgt die Figur?

## 4. Bewertung der Figur

- Wie lässt sich die Funktion der Figur für den Roman beschreiben?
- Welche Gesamtdeutung der Figur ergibt sich aus den gewonnenen Erkenntnissen?

Im Folgenden finden Sie Kurzcharakterisierungen der wichtigsten Figuren des Romans.

## Marga von Etzdorf

Marga wächst als Vollwaise auf, die den Sommer auf dem Gut der Großeltern verbringt, den Winter bei der Großtante in Berlin. Unter Einsatz ihres Vermögens und mit finanzieller Unterstützung kauft sie sich ein eigenes Flugzeug (vgl. S. 68) und hofft, mit Vorträgen, Artikeln und Passagierflügen ihren Lebensunterhalt zu verdienen (vgl. S. 70). Später ist sie als Kopilotin bei der Lufthansa angestellt (vgl. S. 72). Vor dem ihr Leben verändernden Japanflug ist Marga z. B. nach Spanien (vgl. z. B. S. 40) und Marokko (vgl. z. B. S. 122) geflogen. Am 18. August 1931 startet sie von Berlin aus zu ihrem Flug nach Japan (vgl. S. 11), der sie über Russland und China nach Hiroshima führt (vgl. S. 15 ff.). Die Rückreise erfolgt etappenweise, wobei sie in Bangkok beim Start abstürzt (S. 218), ihr Flugzeug zerstört und mit einem Linienflugzeug nach Deutschland reisen muss (vgl. S. 219). Erst der Kontakt mit einem zwielichtigen Waffenhändler ermöglicht es ihr, wieder zu fliegen (vgl. S. 229, S. 232). Dafür muss sie eine Maschinenpistole und Preislisten mit ins Flugzeug nehmen, dazu eine Filmkamera zu Spionagezwecken. Bei der Landung Margas im syrischen Aleppo beschädigt sie ihre Maschine. Noch auf dem Fluggelände erschießt sich die 25-Jährige (z. B. S. 266).

Laut dem Friedhofsführer (dem Grauen) wirkt Marga auf Fotos in Damenkleidern „schlank, fast zerbrechlich", dagegen in „Pilotenkluft [...] eher kräftig" (S. 10). Ihr Haar ist kurz geschnitten, sie raucht mit Genuss (vgl. S. 10 f.). Ihre äußere Erscheinung beeindruckt viele Männer. So wirkt sie auf Miller bei der ersten Begegnung selbstsicher, jung und schön (vgl. S. 17 f.). Auch Udet findet sie elegant, interessant und versucht vergebens, bei ihr zu landen (vgl. S. 31 f.). Ihre sexuelle Orientierung wird mehrfach infrage gestellt.

1. Personalien und sozialer Status

2. Wesentliche Charaktereigenschaften
2.1 Attraktivität, unbestimmte Sexualität

Bei der ersten Begegnung in Japan kommt sie Miller vor wie ein „lärmender Engel" (S. 18), der weder eindeutig Mann noch eindeutig Frau ist. Ihr Monteur teilt mit, dass einige sie für lesbisch gehalten haben, während er sie für sexuell uninteressiert hält (vgl. S. 146). Marga selbst berichtet von Dahlem von der angedeuteten Beziehung zu einer russischen Emigrantin namens Olga (vgl. S. 206–209), die Marga attraktiv findet und deren Nähe sie zwar verunsichert, die ihr aber auch gefällt.

2.2 Margas Faszination für das Fliegen

In einem Interview nennt Marga die Erfahrung der Schwerelosigkeit als Motiv zu fliegen. Sie führt ihre Leidenschaft für das Fliegen auf die Begegnung mit einem jungen Amerikaner zurück, der sie mit seiner lässigen und selbstbewussten Art sehr beeindruckt hat (vgl. z.B. S. 23 f.). Insgesamt hat sie zum Fliegen ein romantisches Verhältnis. So singt sie beim Steigflug und liest an Bord Gedichte der Romantiker Heine und Eichendorff (vgl. S. 11 f.). Sehr genau und stets poetisch beschreibt sie ihre Sinneseindrücke beim Fliegen. Die Art, wie sie Erscheinungen der Erdoberfläche und die Wettererscheinungen wahrnimmt, wirkt schwärmerisch. Von Dahlem bezeichnet sie als „Wolkensammlerin" (S. 227), laut dem Grauen neigt sie zu „Poesie und [...] Emphase" (S. 176). Sie selbst kann mit „Kampf und Töten" im Zusammenhang mit dem Fliegen nichts anfangen (S. 165). Am Fliegen gefällt ihr, dass es Besuche erleichtert, Distanzen verringert und somit zur Verständigung beiträgt (vgl. S. 175). Darüber hinaus begeistert sich Marga für die technische Seite des Fliegens und begründet dies ästhetisch mit der Schönheit des Propellers, aber auch damit, dass die Technik die Unterschiede zwischen den Geschlechtern ausgleichen kann (vgl. S. 175 f.). Beim Fliegen erlebt Marga also Freiheit und kann aus den Zwängen der Geschlechterrollen ausbrechen. Dazu passt, dass sie am liebsten bei niedriger Höhe „im freien Cockpit" (S. 72) fliegt. Für Marga ist das Fliegen ein Sinnbild für die Tatkraft des Menschen, seine Fähigkeit, Neues zu entdecken, oder wie sie selbst sagt: „Der Flug ist das Leben wert." (S. 176)

Margas Mut und ihre Fähigkeit, sich in bedrohlichen Situationen zu behaupten und mit unbekannten Situationen sowie mit kulturellen Differenzerfahrungen umzugehen, werden vielfach betont. So schlägt sie sich z. B. nach der Landung in Spanien ohne Sprachkenntnisse durch (vgl. ab S. 42). Miller lobt ihren starken Willen und ihre Fähigkeit, mit Rückschlägen umzugehen (vgl. S. 54 f.), die Japaner beeindruckt sie, indem sie bei schwierigen Witterungsbedingungen den Fuji besteigt (vgl. ab S. 153). Als Flugpionierin steht sie in Konkurrenz zu anderen Frauen wie etwa Elly Beinhorn, die vor ihr über Kapstadt nach Australien geflogen ist. Marga ändert deshalb die Route, denn sie „wollte nicht die Zweite sein" (S. 237).

Die als Pilotin gescheiterte Marga reagiert zunächst mit Unverständnis auf den Versuch Heymanns, sie mit nationalistischen Parolen zu vereinnahmen (vgl. S. 231). Wenig später glaubt sie doch, den „Reklameflug" (S. 232) für Deutschland machen zu dürfen, und beruhigt sich damit, dass sie auch mit diesem Flug „Grenzen überwinden, Menschen zusammenführen" (S. 232) kann. Diese Sichtweise wird von anderen Stimmen auf dem Friedhof unterstützt. Laut dem Grauen hat sie sich als „Botin" (S. 125) verstanden, die Menschen verbinden will. Dabei greift der Friedhofsführer das Bild von Marga als Engel oder Himmelsbotin auf. Er glaubt nicht, dass sich die freiheitsliebende, empfindsame Marga von den Nationalsozialisten hätte vereinnahmen lassen. Miller meint, dass Marga die Vereinnahmung ihres Leichnams durch die NS-Propaganda zuwider gewesen wäre (vgl. S. 252). Mehrfach wird die Fliegerin aber in die preußische Tradition eingeordnet, werden ihr Mut, ihr Pflichtgefühl, ihre Disziplin und ihre Härte gegen sich selbst, aber auch ihre Toleranz betont. So kommentiert Miller ihre Besteigung des Berges Fuji unter schwierigen

2.3 Ehrgeiz, Mut und Willenskraft

2.4 Marga und der Nationalsozialismus

Bedingungen mit der Äußerung: „Sie war mutig [...]. Und sie war sehr preußisch." (S. 156) Auch anlässlich ihres Absturzes in Bangkok wird ihre Haltung gelobt (vgl. S. 219f.). Ihren Selbstmord kommentiert Miller mit den Worten „Was für eine Haltung. Eine Preußin." (S. 223).

**2.5 Unerwiderte Liebe zu von Dahlem**

In der Nacht in Hiroshima verliebt sich Marga in von Dahlem. Dabei wird deutlich, wie einsam Marga ist und wie sehr sie auf der Suche nach Geborgenheit ist. Von diesem fühlt sie sich verstanden, „als habe er einen Blick in mich geworfen" (S. 49). Obwohl der Leser zu diesem Zeitpunkt bereits weiß, dass von Dahlem die Empfindungen Margas nicht teilt, scheint sie immer darauf zu hoffen, von diesem begehrt zu werden. Fast naiv erscheint ihre Überlegung, nachdem sie erfahren hat, dass die ehemalige Geliebte von von Dahlem lange Haare hatte: „Und ich nahm mir vor, mein Haar, das ich kurz geschnitten trug, wachsen zu lassen." (S. 151) Hier wird deutlich, dass Marga in der Beziehung die Unerfahrene, wohl auch die Unterlegene ist. Dies zeigt auch der folgende Dialog: „Darf ich, sagte er, Sie um etwas bitten? Gern. Und dieses Gern kam viel zu schnell und zu laut. Sei ruhig, mein Herz, sagte ich mir. Sei ruhig." (S. 151 f.) Sie ist dann sehr enttäuscht, als von Dahlem sich nur das Vortragen eines Liedes von ihr wünscht (vgl. S. 152). Nach dem sehnsüchtigen Lied von Marga berichtet von Dahlem ihr dann von der schmerzvollen Trennung von seiner Geliebten (vgl. ab S. 156). Klar wird, dass er keinen Moment lang an eine Liebesbeziehung zu Marga gedacht hat.

**2.6 Ursachen für den Selbstmord**

Der multiperspektivische Roman zeigt dem Leser keine eindeutigen Ursachen für den Selbstmord Margas, sondern es werden unterschiedliche Motive angedeutet, genannt und auch in Zweifel gezogen. Einerseits wird auf die Möglichkeit einer grundsätzlichen Todessehnsucht Margas hingewiesen (vgl. S. 146). Andererseits werden ihre Unsicherheit und innere Unruhe sowie die Tatsache, dass sie sich mit einem „Panzer" gegen Verletzungen schützt (vgl. S. 236), betont. Da sie bei von Dahlem das „Glück der Ruhe" zu finden gehofft hat (S. 224), erschüttert sie dessen Zurückweisung in ihrer Existenz („Auch das ging mir durch den Kopf. Der Satz: du nicht", S. 262). Miller nennt neben der einseitigen Liebe den „Schmerz des Verrats" (S. 239) als Motiv, denn Marga habe sich von von Dahlem den Nationalsozialisten ausgeliefert gefühlt. Womöglich hat sich Marga auch wegen des zu erwartenden Skandals umgebracht, schließlich wären ihre Spionagetätigkeit und ihre Waffengeschäfte bekannt geworden (vgl. S. 266). Ein weiteres Motiv könnte der zu erwartende Spott der Öffentlichkeit angesichts ihrer erneuten Bruchlandung sein. Schon bei ihrer Rückkehr aus Asien haben die Menschen „Witze hinter ihrem Rücken" (S.142) gemacht. Ihr Scheitern könnten viele als Bestätigung ihrer traditionellen Geschlechterstereotypen gesehen haben (vgl. S. 143).

Marga liest Gedichte und hat laut Miller auch selbst welche geschrieben. Dementsprechend poetisch ist ihre Sprache (vgl. S. 74f.). Sie ist eine genaue Beobachterin ihrer Umgebung und kann ihre Sinneswahrnehmungen in poetische, atmosphärische und oft melancholische Bilder fassen, wobei ihr besonders die wahrgenommenen Farben und Schattierungen wichtig sind. Dabei werden kurze bzw. elliptische Sätze unverbunden aneinandergereiht, sodass ein fragmentarischer, impressionistischer Eindruck entsteht (vgl. S. 118). Sehr anschaulich und bildhaft beschreibt Marga ihren Flug durch das Gewitter nach Sizilien (vgl. S. 139f.). Ihr Sprachbewusstsein ist sehr ausgeprägt. So überlegt sie, von Dahlem zu Beginn der gemeinsamen Nacht in Hiroshima zu fragen, „ob man – ich hätte *man* gesagt – sich nicht noch etwas zusammensetzen könne" (S. 22). Insgesamt ist festzuhalten, dass ihre Sprache sich stark von der anderer Stimmen auf dem Friedhof und deren Soldatenjargon, Befehlston, ideologisierter Sprache unterscheidet.

3. Kommunikationsverhalten

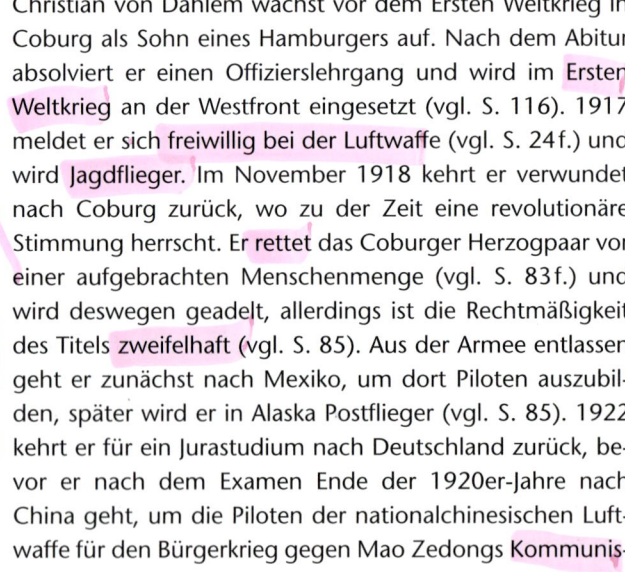

4. Bewertung
der Figur

Marga von Etzdorf ist die Protagonistin des Romans, dessen Handlung durch das Interesse des Ich-Erzählers an ihrer Biografie ausgelöst wird. Sie wird als mutige Pionierin der Luftfahrt dargestellt, die ihre Mitmenschen auf Distanz hält, aber auch als unsichere Frau, die sich unglücklich in einen Mann verliebt und deren Karriere in der Männerdomäne Luftfahrt zunehmend in Gefahr gerät. Sie wird als Frau gezeichnet, deren Schicksal sich mit der Geschichte des Landes verbindet. Der Roman kreist um die Frage nach den Motiven für ihren Selbstmord, ohne zu einem eindeutigen Ergebnis zu gelangen. Viele Äußerungen der anderen Figuren im Roman wie auch dessen ganze Anlage lassen den Eindruck entstehen, dass die Nacht mit von Dahlem in Hiroshima Marga entscheidend geprägt hat und für das Verständnis der Hintergründe ihres Selbstmords unerlässlich ist.

## Christian von Dahlem

1. Personalien
und sozialer
Status

Christian von Dahlem wächst vor dem Ersten Weltkrieg in Coburg als Sohn eines Hamburgers auf. Nach dem Abitur absolviert er einen Offizierslehrgang und wird im Ersten Weltkrieg an der Westfront eingesetzt (vgl. S. 116). 1917 meldet er sich freiwillig bei der Luftwaffe (vgl. S. 24 f.) und wird Jagdflieger. Im November 1918 kehrt er verwundet nach Coburg zurück, wo zu der Zeit eine revolutionäre Stimmung herrscht. Er rettet das Coburger Herzogpaar vor einer aufgebrachten Menschenmenge (vgl. S. 83 f.) und wird deswegen geadelt, allerdings ist die Rechtmäßigkeit des Titels zweifelhaft (vgl. S. 85). Aus der Armee entlassen geht er zunächst nach Mexiko, um dort Piloten auszubilden, später wird er in Alaska Postflieger (vgl. S. 85). 1922 kehrt er für ein Jurastudium nach Deutschland zurück, bevor er nach dem Examen Ende der 1920er-Jahre nach China geht, um die Piloten der nationalchinesischen Luftwaffe für den Bürgerkrieg gegen Mao Zedongs Kommunisten zu trainieren (vgl. S. 86). Nebenbei handelt er mit Duldung der damals durch den Versailler Vertrag eingeschränkten Reichswehr mit „alte[m] Weltkriegsschrott" (S. 86). Als Marga von Etzdorf Japan erreicht, ist er deutscher Konsul in Japan (vgl. S. 78). Bei einem Besuch bei Marga in Berlin vermittelt er ihr den Kontakt zu dem Waffenhändler Heymann (vgl. S. 228f.). Später gibt er Heydrich Flugstunden (vgl. S. 119f.). Im Zweiten Weltkrieg kämpft von Dahlem erneut als Soldat und dient als Fernaufklärer für die Luftwaffe in Afrika. Er gerät in Kriegsgefangenschaft, aus der er Ende 1945 entlassen wird. Er lebt noch einige Jahre als Übersetzer für Japanisch in Berlin, bevor er nach Chile auswandert. Danach verliert sich seine Spur (vgl. S. 252f.). Von Dahlem wird als großer schlanker und attraktiver Mann beschrieben, der in eleganten Anzügen und Uniformen eine gute Figur macht (vgl. S. 16).

Schon seine Biografie macht deutlich, dass von Dahlem in vielen Teilen der Welt zu Hause ist. Außerdem gilt er als Kenner der japanischen Kultur und Sprache (vgl. S. 19f.) und besitzt eine Sammlung asiatischer Vasen (vgl. S. 228). In seinen ausführlichen kulturellen und ästhetischen Betrachtungen geht er auf die Bedeutung des Schattens und des Fragmentarischen in der japanischen Kultur ein und liefert damit einige Schlüssel zur Deutung des Romans (vgl. S. 26f., S. 48f.). Häufig reflektiert er über die menschliche Existenz und die Rolle des Zufalls bei der eigenen Entwicklung und für das eigene Überleben (vgl. S. 25, S. 164). Während er Marga damit beeindruckt, wird er von anderen Personen abwertend als „Snob" (S. 120) bezeichnet. Dazu passt, dass er bei seinen Flügen eine Ausgabe der „Odyssee" im griechischen Original mit sich trägt (vgl. S. 82), was ihm bei einem feindlichen Treffer das Leben rettet. Miller unterstellt ihm allerdings, seine kulturelle Kompetenz auch einzusetzen, um andere Menschen zu beeindrucken (vgl. S. 51).

2. Wesentliche Charaktereigenschaften
2.1 Von Dahlem, der Weltmann und Schöngeist

**2.2 Von Dahlem, der Verschwiegene**

Vielfach wird die besondere Verschwiegenheit von Dahlems erwähnt. Marga schildert oft, wie dieser nach einer Episode lange schweigt oder zögert weiterzureden (vgl. S. 123, S. 196). Aber auch Miller betont seine Verschwiegenheit (vgl. S. 81), die ihn auch in geschäftlicher Hinsicht prägt, was dazu führt, dass über von Dahlem nur „Gerüchte" (S. 81) erzählt werden. Von Dahlem habe anders als Heymann nur vermittelt und seine Kontakte spielen lassen, niemals habe er sich selbst die Hände bei den Waffenschiebereien schmutzig gemacht (vgl. S. 188). Auch seine Verschwiegenheit trägt dazu bei, dass von Dahlem eine rätselhafte Person bleibt.

**2.3 Von Dahlems Ehrbegriff**

In seiner ausführlichen Schilderung des spektakulären Luftkampfes mit einem Engländer, den von Dahlem nur durch Zufall überlebt hat, wird deutlich, dass er Werte wie Ritterlichkeit und Respekt vor dem Gegner pflegt (vgl. S. 161 ff.). Seine Anekdote von dem auf dem Weg zu seiner Hinrichtung lesenden Chinesen demonstriert, dass ihm Werte wie Unerschrockenheit, Demut und Bereitschaft, das eigene Schicksal anzunehmen, wichtig sind (vgl. S. 196 f.). Den Nationalsozialisten unterstellt er, zwar ständig von Ehre zu reden, aber keine zu besitzen (vgl. S. 227). 1942 zeigt er sich gemeinsam mit einem Juden in freundschaftlicher Verbundenheit auf der Straße, was dazu führt, dass er degradiert wird (vgl. S. 194). Zu seinem traditionellen Ehrbegriff passt, dass er sich nicht von Heydrich für die Nationalsozialisten vereinnahmen lässt und sogar zu viel überwiesenes Geld zurückschickt (vgl. S. 120). Vorher hat von Dahlem allerdings mit seinen Waffengeschäften zum Wiedererstarken Deutschlands beigetragen. Während er sich selbst von den Nationalsozialisten abgrenzt, hat er keine Probleme damit, die in dieser Hinsicht naive Marga mit diesen zusammenzubringen.

**2.4 Von Dahlems Einstellung zum Fliegen**

Laut Miller ist Fliegen „für Dahlem schnelle Fortbewegung und im Weltkrieg Jagd". Er ist „kein Wolkensammler" (S. 57).

Margas Begeisterung für das Fliegen teilt er nicht (vgl. S. 69), vielmehr sei das Gehen die ihm „gemäße Form" (S. 72). Wenn er über Fliegen und Flugträume doziert, wird, bei allem Verständnis für eine romantische Sicht auf das Fliegen, seine Abgrenzung dieser Sichtweise gegenüber deutlich. Andererseits übt er viele Tätigkeiten aus, bei denen er auf das Fliegen angewiesen ist, und beherrscht sein Flugzeug perfekt, wie die gemeinsame Flugschau mit Marga zeigt (vgl. S. 213 ff.).

Nachdem er Vertrauen gefasst hat, erzählt er Marga sehr offen über eine Liebschaft in Berlin, die er mit der Frau eines Freundes gehabt hat. Er berichtet, dass ihn das Sprechen darüber befreit (vgl. S. 148). Sehr detailliert und emotional aufgewühlt erzählt er von dem Begehren, dass er dieser Frau gegenüber gespürt hat und offensichtlich auch noch spürt. Miller meint, dass die jugendliche, unverstellte und attraktive Marga von Dahlem gefallen hat und ihn – den „sonst Schweigsame[n]" (S. 117) – dazu gebracht hat, sich immer mehr zu öffnen. Marga betont, dass er nur ihr seine Kriegserlebnisse berichtet hat (vgl. S. 259 f.). Sie ist aber durch von Dahlems Geständnis verletzt („wie unsicher meine Stimme durch den angehaltenen Atem war", S. 151), wird ihr doch klar, dass der Mann, in den sie sich gerade verliebt, sie nicht als begehrenswerte Frau, sondern eher als Vertrauensperson wahrnimmt. Dies wird bei der Wiederbegegnung in Berlin noch deutlicher (vgl. S. 225 ff.). Dabei beruht Margas Liebe zu von Dahlem auch darauf, dass sie sich von ihm verstanden fühlt (vgl. S. 49).

Zwar wird von Dahlem fast durchgehend als sehr reflektierte und selbstbeherrschte Person gezeichnet, trotzdem zeigt auch er in entscheidenden Situationen Emotionen. So sucht er im Zweikampf mit dem englischen Flieger auf irrationale und unbeherrschte Art die Entscheidung, getrieben von einer „irrsinnigen Wut" (S. 163). Die Leidenschaft zu seiner Geliebten beschreibt er laut Marga als „besinnungslos"

**2.5 Von Dahlems Verhältnis zu Marga**

**2.6 Von Dahlems Emotionalität und Kontrolle**

(S. 150), die unerwartete Trennung habe er nur ertragen können, „indem er gelaufen sei, den Tag über bis in die Nacht" (S. 156). Auch bei seinem „Luftkampf" mit Marga, in dem diese die Rolle des englischen Piloten einnimmt, verliert von Dahlem die Kontrolle, obwohl er sie anfangs ritterlich gewinnen lassen will (vgl. S. 212–215).

**3. Kommunikationsverhalten**

Marga gibt an, dass ihr von Dahlems „ruhige[s], unaufgeregte[s] Reden" gefallen hat, gerade wenn er „von sich sprach, ein wenig ironisch und alles etwas relativierend, verkleinernd" (S. 26). Margas Probleme bei der Landung kommentiert er wie folgt: „Beim Landen haben Sie die Leitungen sehr elegant überflogen." (S. 21) Allein mit seiner Stimme beeindruckt er Marga (vgl. S. 26), mehrfach wird erwähnt, wie er selbst lacht oder Marga zum Lachen bringt (vgl. S. 16, S. 40). Er wird von ihr als guter Zuhörer beschrieben (vgl. S. 40). Wenn von Dahlem ins Erzählen kommt und Anekdoten aus dem Krieg preisgibt (vgl. S. 240 ff.) oder zu seinen ästhetischen, kulturellen oder philosophischen Diskursen ansetzt, wirkt er wortgewandt und sprachmächtig. So erstreckt sich seine von Marga wiedergegebene Erzählung vom entscheidenden Luftkampf über fünf Romanseiten (vgl. S. 159–164). Der Verlauf des Kampfes und die Motive der beiden Kontrahenten werden teilweise in langen hypotaktischen Sätzen wiedergegeben, die Spannung wird gesteigert, bis die Erzählung mit dem Erreichen des Höhepunkts abbricht. Wortkarg wirkt er, wenn er sich mit Miller über das tragische Ende Margas unterhält (vgl. S. 244), was im Kontrast zu der vorigen Anekdote von seinem Aufeinandertreffen mit den Tuareg steht (vgl. S. 243). Dies lässt vermuten, dass er etwas zu verbergen hat.

**4. Bewertung der Figur**

Christian von Dahlem ist im Gegensatz zu Marga von Etzdorf eine fiktionale Figur. Da er nicht auf dem Friedhof begraben ist, kann er nicht zu den Äußerungen der anderen Stellung nehmen. Dies und die von den anderen Figuren genannte Verschwiegenheit machen ihn zu einer rätselhaften, ambivalenten Person. Seine Attraktivität und Weltläufigkeit, seine offene, zugewandte Art sowie seine Fähigkeit, Geschichten zu erzählen und die Welt zu deuten, sorgen dafür, dass Marga sich in ihn verliebt. Dass Marga nicht auf Gegenliebe stößt, erschüttert sie sehr stark. Viele Äußerungen der anderen Figuren im Roman wie auch dessen ganze Anlage lassen den Eindruck entstehen, dass Marga die Nacht mit von Dahlem in Hiroshima entscheidend geprägt hat und dass diese für das Verständnis der Hintergründe ihres Selbstmords unerlässlich ist.

## Anton Miller

Die fiktionale Figur Anton Miller ist Schauspieler und Stimmenimitator (vgl. S. 15). Während eines Engagements in Japan lernt er die Pilotin Marga von Etzdorf kennen. Weil er den SS-Funktionär Heydrich imitiert hat, wird Miller ans Fronttheater nach Russland geschickt (vgl. S. 37). Dort beginnt der verheiratete Miller eine Affäre mit Fräulein Erpenbeck, der „Unberührbaren". Nach seinem Abschied aus Russland spielt er an vielen Orten Theater (vgl. S. 105). Laut Fräulein Erpenbeck führt er später eine Dreiecksbeziehung (vgl. S. 171) mit Ehefrau und Geliebter, bricht aber zuletzt den Kontakt zur Geliebten und dem gemeinsamen Kind ab (vgl. S. 174). In den letzten Kriegstagen ist er in Berlin, wo er es wagt, einen Witz über Adolf Hitler zu machen. Eine HJ-Streife erhängt ihn deshalb an einer Straßenlaterne (vgl. S. 254f.). Ein Mann beerdigt ihn auf dem Invalidenfriedhof und nimmt das Zigarettenetui von von Dahlem an sich (vgl. S. 263f.), das er nach dem Fall der Mauer an den Friedhofsführer (den Grauen) verkauft.

In dem Moment, in dem Miller Marga in Japan das erste Mal sieht, verliebt er sich in sie (vgl. S. 18). Doch schnell muss er feststellen, dass diese seinen Bekannten von Dahlem attraktiver findet (vgl. S. 50), wodurch er sich zunächst

1. Personalien und sozialer Status

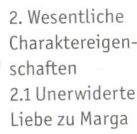

2. Wesentliche Charaktereigenschaften
2.1 Unerwiderte Liebe zu Marga

herabgesetzt fühlt. Dennoch bleibt er ihr freundschaftlich verbunden, bewundert sie noch aus dem Grab heraus und wehrt sich gegen Versuche, Marga und ihre Leistungen herabzuwürdigen (vgl. S. 30). Marga hält ihn zwar für einen „Luftikus und […] Schwärmer" (S. 17), gibt aber an, gerne in seiner Gesellschaft gewesen zu sein. Zum einen sei Miller witzig gewesen, zum anderen mitfühlend und verständnisvoll (vgl. S. 51).

**2.2 Subversive Menschlichkeit**

Miller hält die Nationalsozialisten für „Dummbeutel und Banausen" (S. 35) und denkt während eines Auftritts vor der versammelten NS-Elite an die Entrechtung einer jüdischen Kollegin (vgl. S. 36). An der Ostfront erzählt er der Unberührbaren und den versammelten Offizieren auf die Frage, von wem er das Zaubern gelernt habe, die berührende Geschichte des Zauberers Larette. Diese ruft zunächst allseits Bewunderung hervor, nimmt dann aber eine für die Zuhörer unerwartete Wendung, indem sich Larette als Jude herausstellt, der sich, als er denunziert wird, erschießt, um einem Gestapo-Verhör zu entgehen (vgl. S. 59–63). Als ein Offizier daraufhin scheinheilig den in der Erzählung deutlich werdenden „Radau-Antisemitismus" (S. 63) beklagt, bittet Miller ihn darum, einzelne Papierbuchstaben zu einem sinnvollen Wort zusammenzusetzen. Nachdem sich alle Anwesenden unfähig gezeigt haben, das Rätsel zu lösen, ordnet Miller die Buchstaben zu dem Wort „NAECHSTENLIEBE" (S. 64) an und lässt den Offizier dieses vorlesen. Laut dem unbekannten Dichter (einer Stimme auf dem Friedhof) hat der „Possenreißer" Miller es „faustdick hinter den Ohren" (S. 60). Die Unberührbare findet Gefallen an seiner lässigen Art (vgl. S. 97). Miller wird als Figur dargestellt, die genau weiß, wie weit sie bei ihren Späßen gehen darf (vgl. S. 172). Doch am Ende des Krieges wird ihm sein Witz zum Verhängnis. Er fällt fanatisierten Jugendlichen zum Opfer, die ihn erhängen, weil er einen Hitlerwitz erzählt (vgl. S. 254 f.).

Eine von Millers Paraderollen ist die des Riccaut de la Mar-
linière in G. E. Lessings Lustspiel „Minna von Barnhelm",
den er als „sympathische[n] Betrüger" (S. 59) spielt. Tatsächlich täuscht Miller die Menschen. So erzählt er z. B.
Marga, dass er das Zaubern bereits als Kind erlernt hat (vgl.
S. 173) – eine seiner beiden Versionen muss falsch sein.
Während sie Miller dafür lobt, dass er „die Menschen für
einen Moment glücklich machen" (S. 173) konnte, besteht
die Unberührbare darauf, dass Miller ein Lügner ist. So
habe er ihr erzählt, dass er sich von seiner Frau scheiden
lassen wolle (vgl. S. 98), dies aber nie getan. Außerdem sei
Miller auch im Konzentrationslager Dachau vor dem Wach-
personal aufgetreten, was er verdränge (vgl. S. 198).
Mehrfach entgegnet der tote Miller auf ihre Vorwürfe: „Ich
kann mich an nichts erinnern." (S. 171, vgl. S. 198)

Laut dem Dichter kann Miller „Parerga und Paralipomena
so aussprechen, dass es wie eine ziemliche Schweinerei
klang" (S. 57). Man muss ihn sich als Person vorstellen, die
schon über Veränderungen des Tonfalls die Menschen be-
einflussen kann. Laut Marga beherrscht er unzählige
Dialekte (vgl. S. 173). Miller ist sehr schlagfertig und hat ein
sicheres Gespür für eine Pointe. Gleich bei seiner ersten Ein-
mischung in Margas Geschichte wird sein Sprachwitz deutlich (vgl. S. 15). Auch für derbe und schlichte Witze ist er
sich nicht zu schade, wenn es der Unterhaltung des Publi-
kums dient (vgl. S. 39, S. 117). Oft ist der Tonfall des
Schelms ironisch bzw. spöttisch, wodurch Ideologie und
Propagandasprache entlarvt werden. Anlässlich Margas
Landung in Japan stellt er fest, dass sich die Melodie der
deutschen Nationalhymne, gespielt von einem japanischen
Orchester, „wie Sirup" (S. 16) zieht. Als eine Stimme behauptet, dass Marga „für Deutschland" geflogen ist, ent-
gegnet er: „Quark [...]. Sie flog gern. Basta." (S. 30) Den
Zweiten Weltkrieg bezeichnet er spöttisch als „das heroische
Ringen", Heinrich Himmler als „Reichsheini" (S. 189). Die

2.3 „[S]ym-
pathischer
Betrüger"?

3. Kommunikati-
onsverhalten

Geschichte vom Zauberer Larette zeigt allerdings, dass Miller auch die leisen Töne beherrscht.

**4. Bewertung der Figur**

Da dem Roman eine auktoriale Erzählinstanz fehlt, erfüllt Miller eine wichtige Funktion für den Leser. Neben anderen Figuren stellt er die Verbindung zwischen dem Leben von Marga von Etzdorf und der Geschichte her. Der „Schelm" Miller kommentiert die Äußerungen der anderen Figuren und bildet so einen Gegenpol einerseits zu den Militärs und Nationalsozialisten, deren Menschenverachtung er entlarvt, andererseits zu Marga, deren poetischen, melancholischen Sprachduktus er als solchen deutlich werden lässt.

## Reinhard Heydrich

**1. Personalien und sozialer Status**

Die historische Figur Reinhard Heydrich wird eingeführt als der „Erfinder der Gegnerkartei" (S. 33), der durch den systematischen Aufbau eines Überwachungsapparats im NS-Staat aufgestiegen ist. Vorher ist Heydrich Marineoffizier, wird aber unehrenhaft entlassen, weil er seine Verlobte sitzen gelassen hat, um Lina von Osten zu heiraten (vgl. S. 95 f.). Er wird Leiter des Reichssicherheitshauptamtes in Berlin (vgl. S. 98), wo er mit Fräulein Erpenbeck eine Affäre beginnt (z. B. S. 101). Während des Krieges wird Heydrich Stellvertretender Reichsprotektor in Böhmen und Mähren, wo er einem Attentat zum Opfer fällt (vgl. S. 190–192). Mit großem Pomp wird er schließlich auf dem Invalidenfriedhof beerdigt (vgl. S. 193 f.). Mehrfach wird seine äußere Attraktivität und seine stolze Erscheinung erwähnt, andererseits sei er „[k]alt und distanziert" (S. 98) gewesen. Der Schauspieler Miller nennt ihn einen „Muster-Arier […] mit Piepsstimme" (S. 37).

**2. Wesentliche Charaktereigenschaften**

**2.1 Überlegenheitsbewusstsein, Unnahbarkeit und Härte**

Miller bezeichnet den Obergruppenführer als einen „Mann ohne jeden Humor" (S. 35), der andere auf Distanz hält und sie einschüchtert. Laut der Unberührbaren haben im Amt alle Angst vor Heydrich, der stets höflich und selbstgewiss auftritt (vgl. S. 101). Nach dem Attentat mahnt der schwer verletzte Heydrich sich selbst: „Haltung bewahren und Härte zeigen." (S. 191) Er hält sich den anderen Menschen gegenüber für überlegen: Die Marineoffiziere bezeichnet er als „geballte[s] Mittelmaß" (S. 96), den anderen Vertretern der NS-Führung wirft er vor, „den Hintern nicht hoch" (S. 201) zu bekommen, während er selbst Jagdflieger wird.

Macht und Kampf sind zentrale Kategorien in Heydrichs Denken (vgl. S. 102, S. 201, S. 249), demzufolge sich der Starke und Mächtige gegen den Schwachen durchsetzen muss. Seine Anweisung „für den geheimen Dienstgebrauch" (S. 183) gibt Einblick in seine Ideenwelt, wenn er die Tschechen nach Rasse und politischer Gesinnung einteilt, wobei die „schlechtrassig Gutgesinnten" (S. 184) als Arbeitssklaven eingesetzt werden sollen, während die „gutrassig Schlechtgesinnten" umerzogen oder umgebracht werden sollen (S. 184). Auffällig ist, mit welcher Emotionslosigkeit Heydrich seine Weltsicht äußert und damit seinen Verbrechen den Anschein von bürokratischer Rationalität verleiht (vgl. S. 193 f.). Der Friedhofsführer (der Graue) kommentiert dies wie folgt: „Der Herr der Karteikarten [...] sprach nie über Zögerlichkeit, Zweifel und Ängste, dagegen dieser verschwenderische Gebrauch des *ausrotten, aussondern, ausspeien, aus, aus, aus,* der Tod." (S. 227)

*2.2 Rassismus und Sozialdarwinismus*

Die Unberührbare meint, dass Heydrich viele Affären habe (vgl. S. 101). Tatsächlich wirkt die Art und Weise, wie sich Heydrich ihr nähert, routiniert (vgl. S. 98–102). Trotzdem soll er mit großem Bedauern auf ihre Entscheidung, die Beziehung zu beenden, reagiert haben. Deutlich wird, dass er die Beziehung zu Fräulein Erpenbeck als Ausgleich zu seinem ihn stark fordernden Beruf sieht, was auf ein traditionelles Bild von den Geschlechterrollen schließen lässt.

*2.3 Heydrich, der Frauenheld*

Mehrfach wird im Roman Heydrichs Musikalität erwähnt, der in „versunkene[r] Hingabe" (S. 32) Mozart spielt, wobei

*2.4 Heydrichs Musikalität*

seine Gesichtszüge laut Miller weich werden. Auch die Unberührbare lobt sein Spiel (vgl. S. 101). Der Graue stellt sich
die Frage, wie ein skrupelloser Massenmörder es schaffen
könne, andere Menschen mit seiner Musik zu berühren.
Daran schließt sich für den Leser die Frage an, ob uns Kultur
immunisieren kann gegen Unmenschlichkeit. Die Gestaltung des Romans legt eine negative Antwort nahe.

**3. Kommunikati-**
**onsverhalten**

Heydrichs Sprache ist geprägt von der NS-Ideologie und
deren Phrasen („Die größte denkbare Freiheit: Herr sein
über Leben und Tod", S. 249). Sein Zynismus und seine
Kälte werden dabei deutlich, am auffälligsten im Diktat seiner geheimen Dienstanweisung bezüglich der Behandlung
der Tschechen (vgl. S. 183 f.). Weil er die Satzzeichen mit-
spricht, die Maßnahmen im Sinne der NS-Ideologie schlüs-
sig und folgerichtig darstellt, teilweise Euphemismen („hi-
nausbringen", S. 183), teilweise menschenverachtende
Formulierungen („an die Wand [...] stellen", S. 184) einsetzt, verdeutlicht das Dokument die Kälte, die Menschenverachtung, aber auch die instrumentelle Vernunft des NS-
Repressionsapparates. Gegenüber Konkurrenten oder
Wegbegleitern äußert sich Heydrich häufig sehr abwertend
(vgl. S. 96, S. 201).

**4. Bewertung**
**der Figur**

Reinhard Heydrich steht im Roman für die im Namen des
Nationalsozialismus begangenen Verbrechen, die zum Zusammenbruch des Deutschen Reichs und später zur Ab-
kehr von der militärischen Tradition führten. Als „Fürst der
Finsternis" (S. 36) repräsentiert er die dunkelsten Stunden
der deutschen Geschichte.

## Fräulein Erpenbeck (die Unberührbare)

**1. Personalien**
**und sozialer**
**Status**

Fräulein Erpenbeck arbeitet als einfache Angestellte in Heydrichs Reichssicherheitshauptamt und beginnt mit diesem eine Affäre (vgl. z. B. S. 98). Als sie diese beendet, wird sie nach
Russland versetzt und arbeitet dort als Stabshelferin. Sie wird

als „die Unberührbare" bezeichnet, auf die alle „scharf" sind (S. 59), muss also attraktiv sein. Sie beginnt mit dem Schauspieler Miller eine Affäre, wird von diesem schwanger und später verlassen (vgl. S. 170–174). Zu Kriegsende arbeitet sie im Berliner Führerbunker (vgl. S. 247f.).

Auch wenn sie an der Ostfront als unnahbar gilt, scheint Fräulein Erpenbeck viele Liebesverhältnisse eingegangen zu sein. So lobt sie an Miller, dass er anders sei „als all die" (S. 97), mit denen sie vorher zusammen gewesen ist. Auch mit Heydrich lässt sie sich ein, obwohl sie Angst vor ihm hat, ihr eigentlich sein Adjutant besser gefällt und sie weiß, dass Heydrich viele Affären hat (vgl. S. 100f.).

2. Wesentliche Charaktereigenschaften
2.1 Sexuelle Offenheit?

Ihre Bereitschaft, mit Heydrich eine Beziehung zu führen, begründet sie so: „Alles störte mich, sein selbstgewisses Auftreten, seine Höflichkeit, aber ich hatte Lust." (S. 102) Dazu tritt noch die Neugier, dem mächtigen Heydrich nah zu sein, also „Macht [...] über den Mächtigen" (S. 101) zu haben. Außerdem scheint sie zunächst Gefallen daran zu finden, wie sie das Verhältnis mit Heydrich aus der Masse hervorhebt und wie unterwürfig sich die Menschen ihr gegenüber verhalten (vgl. S. 102). Als sie allerdings glaubt, von Heydrich schwanger zu sein, überfallen sie Skrupel und sie beendet die Beziehung.

2.2 Verhältnis mit Heydrich

Erst an der Ostfront will sie erfahren haben, dass Heydrich („der Dunkle", S. 103) für die massenhaften Morde der SS-Einsatzgruppen verantwortlich ist, und schämt sich dafür. Dabei wird deutlich, dass sie vorher entweder naiv gewesen ist oder die grausame Wahrheit verdrängt hat (vgl. S. 102, S. 104). Ihr abweisendes Verhalten an der Ostfront den Männern gegenüber liegt wohl auch darin begründet, dass sie nicht möchte, dass jemand von der Affäre mit dem Verbrecher erfährt.

2.3 Eine Mitläuferin?

Wegen seiner unmilitärischen, lässigen Art, seines Witzes und seiner Unerschrockenheit beginnt sie schon beim ersten Treffen ein Verhältnis mit Miller (vgl. S. 97), den sie als

2.4 Verhältnis mit Miller

Gegenpol zu Heydrich sieht. Außerdem wird sie schwanger von Miller, der inzwischen weitergezogen ist. Weil Miller sie anlügt und sitzen lässt, ist sie enttäuscht von ihm (vgl. S. 169–174). Miller scheint wenig für sie empfunden zu haben, schließlich beziehen sich die meisten der Äußerungen des Toten auf die Pilotin Marga von Etzdorf.

**3. Kommunikationsverhalten** Auffällig an den Äußerungen Fräulein Erpenbecks ist die genaue Wahrnehmung und die sehr direkte Sprache, wenn es um Männer und Sexualität geht (vgl. z.B. S. 100). Sie kann genau begründen, was ihr an Heydrich bzw. an Miller gefällt. Wenn es aber um Heydrichs dunkle Seite geht, um die Verbrechen an den Juden und die Frage, inwieweit sie sich durch die Affäre schuldig gemacht hat, verstummt sie schnell.

**4. Bewertung der Figur** Fräulein Erpenbeck ist eine fiktive Figur, die die Handlung der Protagonistin Marga mit der deutschen Geschichte verbindet. Über sie wird die historische Figur Heydrich in die Fiktion geholt, durch sie wird die Faszination der Deutschen durch den Nationalsozialismus deutlich. Zudem ist sie ein Korrektiv für Miller, auf dessen ansonsten sehr positiven Charakter sie mit ihren Kommentaren einen Schatten wirft.

## Der Graue

**1. Personalien und sozialer Status** Der Graue ist ein hagerer, ca. 50 Jahre alter Mann mit ergrautem Haar. Sein Mantel verleiht ihm ein militärisches Aussehen, was allerdings von seinen leichten Halbschuhen konterkariert wird (vgl. S. 8). Dem Ich-Erzähler ist er als Ortskenner empfohlen worden. Für diesen hält er eine Einzelführung ab. Er besitzt durch einen Zufall das Zigarettenetui von Dahlems, das er nach dem Fall der Mauer einem Rentner abgekauft hat (vgl. S. 263). Außerdem hat er das Leben der Pilotin Marga von Etzdorf erforscht und dazu Zeitzeugen befragt (vgl. S. 10).

Der namenlose Führer verfügt über ein umfassendes Wissen über die preußisch-deutsche Geschichte und vor allem über die des Invalidenfriedhofs (vgl. S. 73 f.), obwohl er die Zeit selbst nicht erlebt hat. Er kennt bzw. besitzt Interviews und Fotos der Toten, zitiert aus Berichten und Lebenserinnerungen. Außerdem klärt er den Erzähler über die Hintergründe des Stimmengewirrs auf – er weiß, was die Figuren noch alles sagen werden (vgl. S. 15). Weiterhin ist er theologisch sehr gebildet und referiert anhand der zahlreichen Engelsstatuen über deren Wesen, wobei er Bezüge zu Marga von Etzdorf herstellt (vgl. S. 124 f.). Als die Stimmen der Toten von der Zerstörung Berlins sprechen, kommt der Graue auf die biblische Erzählung vom Gottesgericht über Sodom zu sprechen und verleiht so dem Geschehen eine Tiefendimension.

Der Graue liefert nicht nur Hintergrundinformationen zum Friedhof und zu den Toten, er liefert auch Hinweise zur Deutung von Margas Schicksal (vgl. S. 136 f.), des Ortes, der deutschen Geschichte, aber auch des Romans. So nennt er den Friedhof einen „Ort der Gewalt" (S. 74) und stellt die Frage, ob es Zufall sei, „dass an diesem Ort, dem Invalidenfriedhof, wo all die Militärs liegen, die letzten Kämpfe" des Zweiten Weltkriegs stattfanden (S. 73). Überhaupt scheint er wie von Dahlem geprägt zu sein von der Rolle des Zufalls im Leben (vgl. S. 263). Er behauptet provokant, dass es für die Toten auf dem Friedhof weder Schuld noch Vergebung gibt: „Wie könnten wir das Böse erkennen, wenn wir nur das Gute kennen? [...] Hier ist alles gleich. [...] Die Opfer und ihre Mörder." (S. 75) Darüber hinaus liefert der Graue Hinweise zum Verständnis des Romantitels: So meint er, der Ich-Erzähler und er könnten „ein wenig auswählen, vielleicht ein wenig Licht bringen, einen Halbschatten, [...] kaum beugen wir uns über das Geschehene, werfen wir unseren Schatten darauf" (S. 171).

2. Wesentliche Charaktereigenschaften
2.1 Wissen und Bildung

2.2 Der Graue als Impulsgeber und Fragesteller

3. Kommunikati-
onsverhalten

Der Graue ist ein wortgewaltiger Mann, der im belehren-
den Ton über mehrere Seiten hinweg theologische oder
ästhetische Fragestellungen erörtern und dabei aus ein-
schlägiger Literatur zitieren kann (vgl. S. 123–126). Oft
genug ordnet er aber nur kurz und knapp die Äußerungen
anderer Toter ein (vgl. S. 127 f.), teilweise widerspricht er
ihnen sogar (vgl. S. 224). Das Wissen des Ich-Erzählers um
die deutsche Geschichte vor 1945 bezeichnet er abwertend als „Ballast" und „Gerümpel" (S. 30), obwohl er sich
selbst stark dafür interessiert und zudem in Bezug zu jenem
gleichaltrig oder jünger ist.

4. Bewertung
der Figur

Der Graue ist ein geheimnisvoller Führer durch das Reich
der Toten. Zugleich ist er Vermittler, Kommentator und Im-
pulsgeber. Ebenso wie die Figur von Dahlem bietet er viele
Schlüssel zum Verständnis des Romans. So ist er der letzte
Besitzer von dessen Zigarettenetui, das die verschiedenen
Figuren miteinander verbindet. Ähnlich wie von Dahlem ist
er eine rätselhafte Figur, da seine Hintergründe und die
Motive seines Handelns im Unklaren bleiben.

## Der Ich-Erzähler

1. Personalien
und sozialer
Status

Der Ich-Erzähler ist 1940 geboren (vgl. S. 30), hat einen
Teil seiner Kindheit in Coburg verbracht und in München
studiert (vgl. S. 93 f.). Sein Vater ist im Zweiten Weltkrieg
bei der Luftwaffe gewesen (vgl. S. 94), seine Schwester ist
vor vielen Jahren gestorben (vgl. S. 66 f.).

2. Wesentliche
Charaktereigen-
schaften
2.1 Geschichts-
kenner

Der Ich-Erzähler ist in der deutschen Geschichte sehr be-
wandert, Namen wie Udet oder Graf Luckner (vgl. S. 29 f.)
sind ihm zur Verwunderung des Grauen ein Begriff. Er
nennt Neugier am Schicksal der Pilotin Marga von Etzdorf,
über die er sich vorher informiert hat, als Grund seines
Kommens (vgl. S. 10).

2.2 Der Ich-
Erzähler als
zurückhaltender
Beobachter?

Der Ich-Erzähler bleibt die ganze Handlung über sehr stark
im Hintergrund. Er ist vor allem Zuhörer und Protokollant.
Dennoch gibt es Momente, in denen er an Kontur gewinnt.

So offenbart er dem Grauen einen Traum von seiner verstorbenen Schwester (vgl. S. 66 f.), offenbar als Reaktion auf das Stimmengewirr auf dem Friedhof. Als er die Anekdote des Schauspielers Miller über von Dahlems Rettung des Coburger Herzogpaares hört (vgl. S. 83–86), bringt ihn das dazu, dem Grauen einen weiteren Traum zu offenbaren und selbst zu erzählen (vgl. S. 92–94). Dabei vermengt er eigene Erinnerungen und Erzählungen des Vaters und anderer Kriegsüberlebender zu einer Schreckensvision, die seine Angst davor zeigt, vom deutschen Militarismus vereinnahmt zu werden.

Der Ich-Erzähler berichtet kaum, sondern notiert in der Regel nur die Figurenreden. Große Ausnahme ist die ausführliche Schilderung des zweiten Traumes, die bezeichnenderweise mit den Worten „Ich. Ich. Ich." (S. 93) eingeleitet wird.

*3. Kommunikationsverhalten*

Der Ich-Erzähler ist von den biografischen Eckdaten her dem Autor nahe. Durch seine Einführung erfolgt eine der den Roman prägenden Distanzierungen und Perspektivenbrechungen.

*4. Bewertung der Figur*

# Der Blick auf den Text: Die Textanalyse

## Einen Textauszug analysieren – Tipps und Techniken

Für die Analyse eines Textauszugs stehen grundsätzlich zwei verschiedene Methoden zur Auswahl: Die Linearanalyse und die aspektgeleitete Analyse.

In der **Linearanalyse** werden die einzelnen Abschnitte systematisch analysiert, das heißt ihrer Reihenfolge nach. Dies führt in der Regel zu genauen und detaillierten Interpretationsergebnissen. Allerdings besteht dabei die Gefahr, dass zu kleinschrittig gearbeitet wird und die übergeordneten Deutungsaspekte aus dem Blick geraten.

In der **aspektgeleiteten Analyse** werden diese Deutungsschwerpunkte von vornherein festgelegt. Daraus ergibt sich in der Regel eine sehr problemorientierte und zielgerichtete Vorgehensweise. Dabei werden jedoch die Deutungsaspekte, die nicht im Fokus des Interesses stehen, vernachlässigt.

## Aufbauschema:

**1. Einleitung**
- Themensatz: Autor, Titel, Textsorte, Erscheinungsjahr, Thema, kurze Inhaltsangabe

**2. Einordnung des Textauszugs in den Roman**
- Was geschieht vorher, was nachher?

*Linearanalyse*                    *aspektgeleitete Analyse*

**3. Inhaltlicher Aufbau**
- Auflistung der Textabschnitte/ Textgliederung

**3. Untersuchungsschwerpunkte**
- Auflistung der ausgewählten Untersuchungsaspekte

**4. Beschreibung und Deutung der unter 3. angegebenen Textabschnitte**
- Aussagen zum Inhalt des Abschnitts
- Aussagen zur Deutung, Einbetten in den Gesamtzusammenhang des Romans
- Einbezug der sprachlichen Gestaltung
- Überleitung zum nächsten Abschnitt

**4. Beschreibung und Deutung der unter 3. angegebenen Aspekte**
- Benennen des jeweiligen Aspekts
- Aussagen zur Deutung, Einbetten in den Gesamtzusammenhang des Romans
- Einbezug der sprachlichen Gestaltung

**5. Schluss**
- Zusammenfassung der Ergebnisse
- Einordnung in einen größeren Deutungszusammenhang
- Bewertung

## Beispiel für eine Linearanalyse

Textgrundlage: S. 48 („Ich hörte, ...") – S. 50 („abzustrahlen schien.")

*Aufgabe: Analysieren Sie den vorliegenden Textauszug. Gehen Sie dabei auf inhaltliche und sprachliche Besonderheiten ein.*

Einleitung mit kurzer Inhaltsangabe des Textauszugs

Schattenspiel nennt man eine Form des Theaters, die eine Geschichte erzählt, indem Schatten auf eine beleuchtete Fläche geworfen werden. Abhängig von der Lichtquelle und der Entfernung zur Projektionsfläche sind die Schatten für den Betrachter eher scharf oder eher diffus. Mit dem Schatten und seiner symbolischen Bedeutung spielt auch Uwe Timms Roman „Halbschatten" von 2008. In dessen Zentrum steht die Flugpionierin Marga von Etzdorf, die 1931 bei einem Flug nach Japan den rätselhaften deutschen Diplomaten und Waffenschieber Christian von Dahlem kennenlernt und mit diesem eine Nacht in Hiroshima verbringt, die sie für immer verändert. Denn Marga verliebt sich in den weltgewandten von Dahlem, der ihre Liebe aber nicht erwidert, was dazu beiträgt, dass diese aus der Bahn geworfen wird und schließlich nach einer für sie peinlichen Bruchlandung Selbstmord begeht.

Im vorliegenden Textauszug erzählt Marga von der Nacht in Hiroshima, die beide gemeinsam in einem durch einen Vorhang geteilten japanischen Raum verbracht haben. Zu Beginn der Handlung steckt von Dahlem Marga sein Zigarettenetui durch den Vorhang zu, um ihr in einer Gesprächspause eine Zigarette anzubieten. Nach einem scherzhaften kurzen Dialog über sein groteskes Aussehen als Schatten (vgl. S. 48), beginnt von Dahlem, über das Wesen des Schattens allgemein und seine ästhetische Bedeutung bei der Gestaltung von Räumen in japanischen Häusern zu philosophieren (vgl. S. 48 f.). Diese Reflexionen, in denen er auch die Bedeutung der Stille hervorhebt, lösen in Marga starke Emotionen aus. Sie fühlt sich in ihren Gefühlen und Ängsten genau erkannt und glaubt, dass sich von Dahlems Stimme und das Bild des Raumes für immer bei ihr einprägen (vgl. S. 49). Marga erzählt von einem weiteren Bild, das am folgenden Tag beim Besuch eines Parks mit von Dahlem entstanden sei, an das sie sich ebenfalls immer erinnern werde. Im Gras liegend hätten sie Wolken beobachtet.

Da sich Margas Schilderungen von der Nacht in Hiroshima durch die ganze Romanhandlung ziehen, fällt eine genaue Einordnung nicht leicht. Der Dialog dürfte eher am Anfang der gemeinsamen Nacht stattgefunden haben, da beide unvertraut miteinander wirken und da offensichtlich noch Licht in den Raum einfällt.

Einordnung des Textauszugs

Der Textauszug lässt sich entsprechend dem Gesprächsverlauf in vier Abschnitte gliedern. Im ersten Abschnitt (vgl. S. 48) wird beschrieben, dass Marga ihren Gesprächspartner nur als Schatten wahrnimmt. Im zweiten Abschnitt (vgl. S. 48 f.) wird das Thema des Schattens durch von Dahlem philosophisch vertieft. Abschnitt drei (vgl. S. 49 f.) verdeutlicht, wie von Dahlems Worte auf Marga wirken, ergänzt im vierten Abschnitt (vgl. S. 50) um eine weitere Japan-Erfahrung Margas, in der es um visuelle Wirkungen des Schattens geht.

Aufbau der Szene

Marga hat soeben eine Episode ihrer Erzählung abgeschlossen, als sie hört, wie von Dahlem hinter dem Vorhang aufsteht. Bevor er ihr sein Etui durchreicht, das für Marga zum Symbol der Verbundenheit mit von Dahlem wird, beobachtet sie seinen Schatten, der sich „übergroß auf dem Tuch" abzeichnet. Von Dahlem reagiert mit dem scherzhaften Vergleich, er sehe als Schatten womöglich aus wie der „Glöckner von Notre-Dame" (S. 48). Die Szene verdeutlicht, dass Margas Bild von ihrem Gegenüber mit der Person von von Dahlem vielleicht gar nichts zu tun hat

Erster Abschnitt (vgl. S. 48)

und dass sie sich womöglich ein verzerrtes Bild von diesem macht.

Zweiter Abschnitt
(vgl. S. 48 f.)

Anknüpfend an den scherzhaften Wortwechsel kommt von Dahlem über das Wesen des Schattens ins Philosophieren. Seine Reflexion wird von Marga als Figurenrede wiedergegeben. Er erklärt der empfindsamen Marga, dass Schatten ungenau sind, dafür aber Dinge ans Licht bringen, die ansonsten dem menschlichen Auge verborgen bleiben und die auf eine „spirituelle[ ] Welt" (S. 48) hinter den Dingen verweisen. Daraufhin wendet er seinen Blick dem Raum zu, in dem sie sich befinden. Auf der anderen Seite des Vorhangs sitzend, erklärt der wortgewandte von Dahlem Details der japanischen Raumgestaltung und deren symbolische Bedeutung. Dabei erweist er sich als Kenner der japanischen Architektur und Literatur und beeindruckt die in diesem Umfeld fremde Marga. So werde versucht, das in den Raum einfallende Licht dergestalt zu brechen, dass durch den entstehenden Schatten die Konturen des Raumes aufgelöst würden (vgl. S. 49). Der Schatten habe die Aufgabe, den Menschen die Dunkelheit „sichtbar" (S. 49) zu machen, wie von Dahlem einem japanischen Dichter folgend etwas paradox formuliert. Auf diese Weise werde dem Betrachter ein Eindruck der Stille vermittelt. Im Schatten aufgestellte Blumen hätten die Aufgabe, dem Schatten eine zusätzliche Tiefendimension zu verleihen und so das Gefühl der Stille zu verstärken. Indem von Dahlem den Blick Margas auf Details bei der Raumgestaltung lenkt, eröffnet er ihr eine neue Wahrnehmungsweise und zieht sie mit seinem Wissen, aber auch mit seinen Interpretationsfähigkeiten in seinen Bann.

Dritter Abschnitt
(vgl. S. 49 f.)

Mit Vergleichen und Neologismen unterstreicht Marga, wie betroffen sie von Dahlems Äußerungen machen, die sie auf sich selbst bezieht: „Seine Beschreibung war wie die Beschreibung meines Innersten." (S. 49) Seine Stimme habe sich als „Hörtasten" in sie eingebrannt und damit auch das Bild des Raumes, in dem sie sich beide befunden haben. Ganz offensichtlich sehnt sich Marga stark nach innerer Ruhe. Deswegen glaubt sie, von Dahlem „habe […] einen Blick" in ihr Innerstes geworfen (S. 49). Dabei ist der Leser im Unklaren darüber, ob dieser seine Ausführungen tatsächlich metaphorisch angelegt hat oder nur die Umgebung beschreibt. Wenn Marga davon spricht, in einen „fernen Winkel" (S. 50) gesehen zu haben, der durch eine ungewohnte Lampe erleuchtet werde, so könnte sich auch dieses Bild auf von Dahlem beziehen, der aus ihrer Sicht in ihr Innerstes blickt, von dem sie sich also verstanden fühlt.

Zum Abschluss schildert Marga ein weiteres Bild ihres Japanaufenthalts, das sich ihr eingeprägt hat, das ebenfalls um das Verhältnis von Licht und Schatten bzw. das Spiel von Hell und Dunkel kreist. Auf einer Wiese liegend, hätten von Dahlem und sie Wolken beobachtet, die das Licht so absorbierten, dass der Himmel über ihnen umso heller erleuchtet schien (vgl. S. 50). Wolken sind für die schwärmerische Marga ein Symbol der Unbeschwertheit und des Fernwehs, mithin der Freude am Fliegen. Möglicherweise soll dieses Bild zeigen, wie sich Margas Psyche durch von Dahlems Nähe aufhellt.

*Vierter Abschnitt (vgl. S. 50)*

In dem Textauszug wird deutlich, dass Marga sich immer stärker zu von Dahlem hingezogen fühlt, dieser aber distanziert bleibt. Der Leser erkennt, welche Sehnsüchte Marga in sich trägt, wie einsam sie und wie sehr sie auf der Suche ist. Gleichzeitig spürt Marga (oder bildet sich möglicherweise ein), dass von Dahlem sie genau versteht und ihre Psyche erkennt: „als habe er einen Blick in mich geworfen" (S. 49). Ob dies wirklich so ist oder ob der Mann einfach nur den japanischen Raum beschreibt, bleibt offen. Die Metapher, die Marga in der Beschreibung sieht, könnte also von ihm gar nicht als eine solche gemeint sein. Der Auszug zeigt wie asymmetrisch das Verhältnis zwischen den beiden ist. Wenn Marga von Bildern spricht, die sich ihr

*Schluss*

eingeprägt haben, wird klar, wie viel ihr die Begegnung mit von Dahlem bedeutet. Zudem enthält der Textauszug mit den Reflexionen über Schatten, Licht und Dunkelheit Schlüssel zum Verständnis des Romans.

## Beispiel für eine aspektgeleitete Analyse

Textgrundlage: S. 95 („Die Fistelstimme lacht.") – S. 97 unten („Es war mir egal.")

> *Aufgabe: Analysieren Sie anhand des Textauszugs das Verhältnis von Heydrich, Miller und der Unberührbaren zu Mut und Ehre.*

Einleitung mit kurzer Inhaltsangabe des Textauszugs

Uwe Timms Roman „Halbschatten" von 2008 verwebt auf ungewöhnliche Weise die tragische Lebensgeschichte der Flugpionierin Marga von Etzdorf mit einem Epochenbild der Geschichte des deutschen Nationalismus. Bei einer Führung über den Berliner Invalidenfriedhof, auf dem Marga neben zahlreichen Größen des Militärs, einigen Nationalsozialisten und vielen namenlosen Opfern des Zweiten Weltkriegs begraben liegt, hört der Ich-Erzähler die Stimmen der dort liegenden Toten sprechen. Neben Marga melden sich auch der Schauspieler Anton Miller, ein Verehrer und Freund Margas, Reinhard Heydrich, einer der Hauptverantwortlichen des Holocaust, sowie die Unberührbare, die sowohl mit Heydrich als auch mit Miller eine Affäre hat, zu Wort. Sie und zahlreiche andere Figuren lassen die Handlung zu einem vielstimmigen Chor anschwellen und verbinden die persönliche Liebesgeschichte mit einem allgemeinen Zeitbild. Zunächst spricht in diesem Textauszug Heydrich aus dem Grab und schildert, wie er als junger Mann unehrenhaft aus der Marine entlassen worden ist, wobei seine Verachtung den Marineoffizieren und ihren Werten gegenüber deutlich wird. Miller nimmt im Folgenden den Gesprächsfaden auf und zieht den

Ehrbegriff der Soldaten ebenso ins Lächerliche wie deren Überlegenheitsgefühle einem Schauspieler wie ihm gegenüber. Dann ergreift die Unberührbare das Wort und berichtet, dass sie sich nach einem mutigen Auftritt Millers so stark zu ihm hingezogen gefühlt hat, dass sie ihm auf sein Zimmer gefolgt ist. Sie bewundert besonders Millers Witz und seine Schlagfertigkeit, aber auch seine unmilitärischlässige Art.

Da der Roman nicht linear, sondern assoziativ kreisend und fragmentarisch erzählt ist, fällt eine genaue Einordnung schwer. Es wird auf Geschehnisse vor Margas Selbstmord – wie Hedydrichs unehrenhafte Entlassung aus der Marine – Bezug genommen, aber auch auf Ereignisse während des Zweiten Weltkriegs. Sowohl Miller als auch die Unberührbare schildern Erlebnisse von der russischen Front, an die beide versetzt worden sind, da sie sich den Unmut Heydrichs zugezogen haben. So ist die Unberührbare vorher in Heydrichs Reichssicherheitshauptamt tätig gewesen, wo sie sich mit ihm auf eine Affäre eingelassen hat. Weil sie diese beendet, wird sie von Heydrich nach Russland strafversetzt, wo sie als Stabshelferin tätig ist. Miller dagegen hat auf einem Empfang von NS-Größen Heydrich parodiert und ist dabei von diesem überrascht worden. Um sich vor Heydrichs Rache zu retten, lässt er sich zum Fronttheater in Russland versetzen. Dort erobert er mit Mut, Frechheit und Dreistigkeit das Herz der Unberührbaren, die sich im Osten bislang den Männern ferngehalten hat, womöglich aus Scham über die Affäre mit Heydrich, dessen Einsatzgruppen in Russland zu dieser Zeit an der jüdischen Bevölkerung einen Massenmord begehen.

*Einordnung des Textauszugs*

Der Textauszug ist klar strukturiert. Er beginnt mit einer Figurenrede Heydrichs (vgl. S. 95 f.), gefolgt von einer Rede Millers (vgl. S. 96 f.) und der Unberührbaren (vgl. S. 97). Die drei Abschnitte sind thematisch durch die Beschreibung unterschiedlicher Auffassungen des Begriffs „Ehre"

*Untersuchungsaspekte*

verbunden. Im Anschluss wird der jeweilige Ehrbegriff der drei Figuren analysiert.

I. Heydrichs
Ehrbegriff

Heydrich schildert die Hintergründe des unehrenhaften Abschieds, den er bei der Marine erhalten hat. Er hatte seine Verlobte wegen einer anderen Frau sitzen lassen, woraufhin sich der Vater der Verlobten bei seinen Vorgesetzten beschwert hat und er vor ein „Ehrengericht" (S. 96) gestellt worden ist. Deutlich wird, dass er die Gründe für den Rausschmiss, die dem Leser infolge seiner sprunghaften Erzählweise erst allmählich klar werden, für absurd hält („Wegen einer Apothekerstochter. Muss man sich mal vorstellen.", S. 95). Im knappen, militärischen Tonfall umreißt er, wie man „damals" (S. 95), d. h. in der Zeit vor dem Nationalsozialismus, in Offizierskreisen eine Verlobung eingegangen sei, um somit deren Verbindlichkeit aufzuweichen. Mit beißendem Spott schildert er den Verlauf eines Prüfungsessens, in dem er als Offiziersanwärter seine Fähigkeit beweisen sollte, sich in gehobener Gesellschaft zu bewegen (vgl. S. 95 f.). Scharf grenzt er sich von dem als elitär und „überholt" (S. 96) kritisierten Ehrbegriff der Militärs ab. Im Folgenden ist jedoch zu erkennen, dass Traditionen auch für ihn wichtig sind, denn er betont, dass die neue Geliebte namens Lina von Osten einer „gute[n] alten[n] Familie" (S. 96) entstammt. Zudem unterstreicht er, dass die „Neue" den nationalsozialistischen Rassevorstellungen entspricht, während er die rechtmäßige Verlobte zu diskreditieren versucht, indem er ihr vage eine jüdische Herkunft unterstellt (vgl. S. 96). Zudem wirft er den Marineoffizieren Bigotterie vor, die alle „[j]ede Menge Weiber nebenher" hätten, aber „die treuen Hausväter" (S. 96) spielten. Indem er den Offizieren die Ehre abspricht, die Verlobte und ihren Vater („der Pillendreher", S. 96) abwertet, versucht er, seinen Rausschmiss zu rechtfertigen sowie seine Entscheidung, nicht den Abschied wegen Unfähigkeit, sondern wegen unehrenhaften Verhaltens zu wählen. Am Ende seines Monologs, den Heydrich in Form einer Figurenrede an den Ich-Erzähler richtet, wird deutlich, dass er nie über den Rausschmiss hinweggekommen ist. Deswegen hat er als NS-Funktionär offenbar belastendes Material über Marineoffiziere gesammelt, darunter auch einen hochrangigen „Großadmiral" (S. 96). Ganz am Ende wird deutlich, dass er seinem Ehrbegriff eine existenzielle, sozialdarwinistische Komponente verleiht, wenn er pathetisch ausruft: „Erst im Kampf entscheidet sich, was wichtiger ist, wie man Mirabellen isst, oder der Mut, den Tod zu geben und den Tod zu nehmen." (S. 96)

Heydrichs Schlusssatz bringt Miller dazu, sich in das Gespräch einzumischen, den das in der Zeit des Nationalsozialismus allgegenwärtige „Gerede über Tod und Mut und Ehre" anwidert (S. 96). Er entlarvt die Phrasenhaftigkeit dieser Begriffe, indem er sie mit der Schilderung von urinierenden Soldaten in den Toiletten verbindet und diese Werte somit schon auf den ersten Blick „in den Dreck zieht". „Mut" und „Ehre" sind für ihn genauso Phrasen wie „den Familienstrumpf auswringen" (S. 96), was in der Soldatensprache für das Wasserabschlagen steht. Er imitiert im Folgenden typische, militärisch-zackige Äußerungen von Soldaten über Mut und Ehre, wobei er deren Charakter als Durchhalteparolen offenlegt („Knochen zusammenreißen. Nimm die Knochen hoch. Zielwasser trinken, macht ne ruhige Hand.", S. 97). In seiner Imitation lässt Miller einen Soldaten erst rülpsen und dann aus Friedrich Schillers Dramen-Trilogie „Wallenstein" zitieren. So zeigt er, wie die Soldaten die Ideale der Klassik verachten bzw. für ihre krude Weltsicht instrumentalisieren (vgl. S. 97). Das Zitat stellt die Soldaten über die „Mimen", die anders als die Ersteren nicht mit der Bewunderung der Nachwelt rechnen könnten und anders als diese „Drückeberger" (S. 97) seien. Deutlich wird, dass Miller diese Sichtweise nicht teilt.

II. Millers Ehrbegriff

III. Der Ehrbegriff
der Unberühr-
baren

Millers Ausführungen bringen die Unberührbare dazu, sich einzuschalten und ihn zu unterstützen und zu verteidigen. Sein vor den Stabsoffizieren geäußerter, möglicherweise resignierender Satz „Optimismus ist heutzutage etwas Obszönes" (S. 97) habe für sie den Ausschlag gegeben, ihm zu folgen. Sie zeichnet ein negatives Bild der deutschen Offiziere und ihres ritualisierten, auf Befehl und Gehorsam ausgerichteten Verhaltens („Widerlich", S. 97). Für sie ist der Zivilist Miller mutiger, der die anwesenden Offizieren zwar freundlich, aber doch auch frech und witzig kritisiert hat. Damit stellt sie sich wie Miller gegen den zu dieser Zeit herrschenden militärisch definierten Ehrbegriff.

Schluss

Die traditionellen soldatischen, man könnte auch sagen preußischen Werte Ehre und Mut werden in dem Textauszug aus verschiedenen Perspektiven kritisch betrachtet. So versucht Heydrich, den traditionellen Ehrbegriff zu unterminieren, um seinen eigenen Rausschmiss zu bagatellisieren. Als Anführer einer revolutionären Bewegung will er sich von der Tradition abgrenzen und den Ehrbegriff radikaler im Sinne des NS-Ideologie deuten, also sozialdarwinistisch und rassistisch. Miller dagegen entlarvt durch seine Imitation diese angeblichen Werte als Ideologie und Propaganda, die dazu da sind, den Soldaten als Durchhalteparolen zu dienen. Auch der Beitrag der Unberührbaren zeigt, dass die Begriffe Mut und Ehre vom Militär missbraucht werden.

# Der Blick auf die Prüfung: Themenfelder

Dieses Kapitel dient zur unmittelbaren Vorbereitung auf die Prüfung: Schulaufgabe bzw. Klausur oder schriftliche bzw. mündliche Abiturprüfung. Die wichtigsten Themenfelder werden in einer übersichtlichen grafischen Form dargeboten. Außerdem verweist eine kommentierte Liste mit Internetadressen (S. 142) auf mögliche Quellen für Zusatzinformationen im Netz.

Die schematischen Übersichten können dazu genutzt werden,

- die wesentlichen Deutungsaspekte des Romans kurz vor der Prüfungssituation im Überblick zu wiederholen,
- die Kerngedanken des Romans noch einmal selbstständig zu durchdenken und
- mögliche Verständnislücken nachzuarbeiten.

Zum Verständnis der Schemata ist die Kenntnis der vorangegangenen Kapitel unerlässlich. Die folgende Schwerpunktsetzung beruht auf Erfahrungen aus jahrelanger Prüfungspraxis. Die Übersicht IV (Vergleichsmöglichkeiten mit anderen literarischen Werken, S. 141) soll als Anregung dienen, um den eigenen Lektürekanon auf möglicherweise interessante Vergleichspunkte hin abzuklopfen.

## Übersicht I: Die Gesamtstruktur des Romans

| Rahmenhandlung | Binnenhandlung (Nebenstränge in Auswahl) | Hauptstränge der Binnenhandlung (1931–1933) | |
|---|---|---|---|
| ein November-tag nach dem Mauerfall | *Zuwortmeldung des Soldaten Friedrich Friesen (Zeit der Befreiungskriege)* | | *Fräulein Erpenbecks Affäre mit Heydrich und Miller (Zweiter Weltkrieg)* |
| Der Graue führt den Ich-Erzähler bis zum Einbruch der Dunkelheit über den Berliner Invalidenfriedhof. | *Zwischenrufe, z. B. von Moltkes, Liebermann von Sonnenburgs, Wiehern von Scharnhorsts Pferd* | Margas Japanflug 1931 | *Schilderungen von der Gewalt gegen Juden in Deutschland und vom Holocaust* |
| | | Die Nacht in Hiroshima | |
| | | Der missglückte Rückflug | *Schicksale Kriegsvertriebener* |
| | *Von Dahlem im und nach dem Ersten Weltkrieg (1914–1918)* | Der Plan des Australienflugs | |
| | | Von Dahlems Besuch in Berlin | *Die Schlacht um Berlin und Millers Tod 1945* |
| | *Tod von Hauptmann Berthold (ca. 1920)* | Margas Übereinkunft mit dem Waffenschieber Heymann | |
| | *Margas Jugend und ihre ersten Flüge (1907–ca. 1930)* | Margas Selbstmord in Syrien 1933 | *Verhör des Widerständlers Oberst Staehle und dessen Ermordung 1945* |

↗ **Verflechtung des Einzelnen mit der Geschichte**
↗ **der Roman „Halbschatten" als Geschichte einer Beziehung und als Zeitbild**

## Übersicht II: Margas Leben nach der Nacht mit von Dahlem

Verlängerung des Aufenthalts in Japan, Zigarettenetui als Überraschungsgeschenk

Aufenthalt in Hongkong; schwerer Unfall beim Start in Bangkok, Krankenhausaufenthalt

peinliche Niederlage: Rückkehr nach Berlin an Bord eines Linienflugzeugs

Besuch von Dahlems in Berlin, Annäherung bei einem gemeinsamen Essen

Klage Margas über ihre Mittellosigkeit; Wunsch, wieder zu fliegen
Vorschlag von Dahlems: Herstellung des Kontakts zu einem Waffenhändler

Treffen mit Miller und Krisengespräch über ihr Verhältnis zu von Dahlem

Treffen mit dem Waffenhändler Heymann, Einverständnis Margas mit Waffenschmuggel und Spionage gegen Bereitstellung eines Flugzeugs

endgültiger Abschied von Dahlems; keine gemeinsame Zukunft

Abflug nach Aleppo; Bruchlandung und anschließender Selbstmord

➔ **Die gemeinsam verbrachte Nacht übt einen starken Einfluss auf Margas weiteres Leben aus.**

## Übersicht III: Wofür steht der Titel „Halbschatten"?

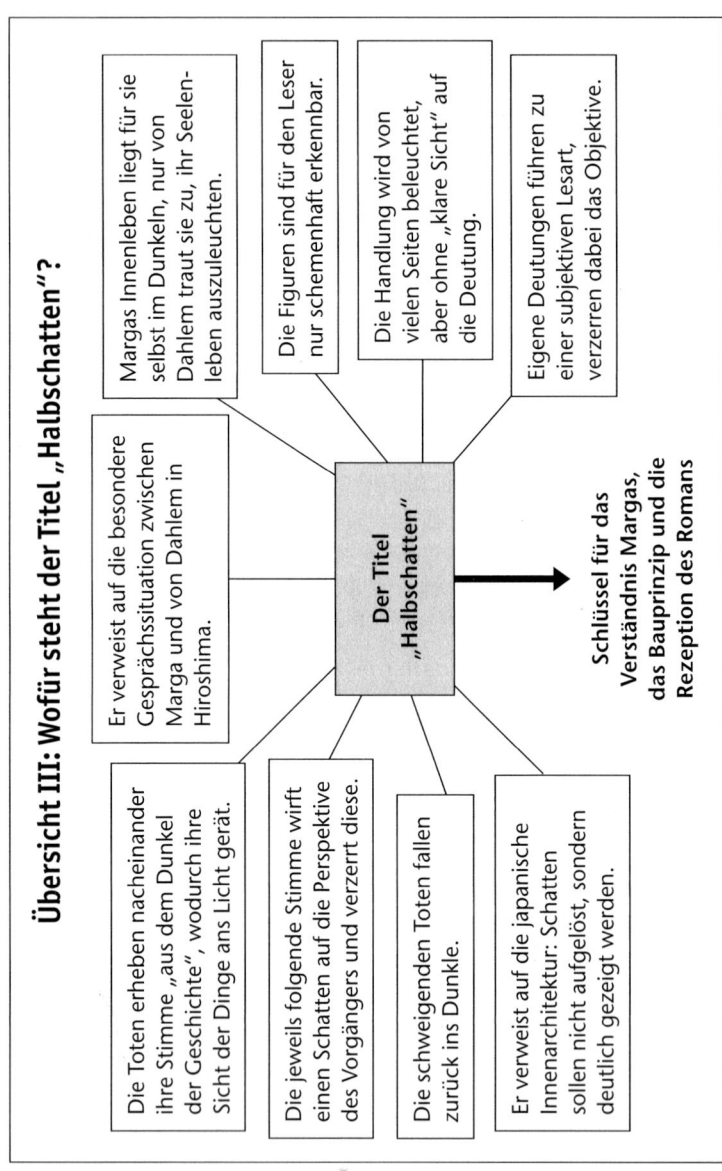

Er verweist auf die besondere Gesprächssituation zwischen Marga und von Dahlem in Hiroshima.

Margas Innenleben liegt für sie selbst im Dunkeln, nur von Dahlem traut sie zu, ihr Seelenleben auszuleuchten.

Die Figuren sind für den Leser nur schemenhaft erkennbar.

Die Handlung wird von vielen Seiten beleuchtet, aber ohne „klare Sicht" auf die Deutung.

Eigene Deutungen führen zu einer subjektiven Lesart, verzerren dabei das Objektive.

**Der Titel „Halbschatten"**

Die Toten erheben nacheinander ihre Stimme „aus dem Dunkel der Geschichte", wodurch ihre Sicht der Dinge ans Licht gerät.

Die jeweils folgende Stimme wirft einen Schatten auf die Perspektive des Vorgängers und verzerrt diese.

Die schweigenden Toten fallen zurück ins Dunkle.

Er verweist auf die japanische Innenarchitektur: Schatten sollen nicht aufgelöst, sondern deutlich gezeigt werden.

**Schlüssel für das Verständnis Margas, das Bauprinzip und die Rezeption des Romans**

## Übersicht IV: Vergleichsmöglichkeiten mit anderen literarischen Werken

### Figuren

- von Dahlem im Vergleich mit Mephistopheles aus J. W. Goethes Drama „Faust"
- Miller im Vergleich mit Oskar Matzerath aus Günter Grass' Roman „Die Blechtrommel" oder mit Jakob aus Jurek Beckers Werk „Jakob der Lügner"
- Marga im Vergleich mit Effi Briest aus Theodor Fontanes gleichnamigem Roman oder mit Lady Milford aus Friedrich Schillers Drama „Kabale und Liebe"
- Heydrich im Vergleich mit Burleigh aus Friedrich Schillers Drama „Maria Stuart"

### Motive

- das Motiv der unerwiderten Liebe im Vergleich mit Friedrich Schillers Drama „Kabale und Liebe", Thomas Manns Roman „Tod in Venedig"
- das Motiv der romantischen Sehnsucht im Vergleich mit Joseph von Eichendorffs Novelle „Aus dem Leben eines Taugenichts"
- das Motiv des Scheiterns im Vergleich mit Georg Büchners Drama „Woyzeck"
- das Motiv der Kriegserfahrung im Vergleich mit Erich Maria Remarques Roman „Im Westen nichts Neues"
- das Motiv der Verwobenheit des Einzelnen mit seiner historischen Situation im Vergleich mit Theodor Fontanes Roman „Irrungen, Wirrungen" oder Günter Grass' Novelle „Im Krebsgang", Arthur Schnitzlers Drama „Lieutenant Gustl"
- das Motiv der Zwänge von Geschlechterrollen im Vergleich mit Arthur Schnitzlers Erzählung „Fräulein Else"

### Romankonzeption

- mit einem traditionell erzählten Roman wie Theodor Fontanes „Effi Briest"
- mit einem Roman der klassischen Moderne wie Franz Kafkas „Der Prozess"
- mit einem ebenfalls multiperspektivisch angelegten Roman wie Andrea Maria Schenkels „Tannöd"

# Internetadressen

Unter diesen Internetadressen kann man sich zusätzlich informieren:

## Rezensionen

www.fr-online.de/literatur/literatur-kunstvolles-mosaik,
1472266,3101058.html

www.welt.de/welt_print/article2342419/Goering-und-die-tote-Fliegerin.html

www.spiegel.de/spiegel/spiegelspecial/d-60746665.html

www.dtv.de/autoren/uwe_timm_20.html

www.tagesspiegel.de/kultur/literatur/literatur-erloesung-ueber-den-wolken/1316364.html

www.faz.net/aktuell/feuilleton/buecher/rezensionen/belletristik/uwe-timm-halbschatten-seufzen-und-sausen-1831626.html

www.nzz.ch/zwischen-himmel-und-hoelle-1.839581

www.taz.de/1/archiv/digitaz/artikel/?ressort=ku&dig=200
8%2F08%2F23%2Fa0018&cHash=400aad7cd4

www.zeit.de/2008/42/L-Timm

www.deutschlandfunk.de/ein-jahrhundert-im-umbruch.700.de.html?dram:article_id=83765

## Pionierinnen der Luftfahrt
www.faz.net/aktuell/reise/nah/luftfahrt-die-kuehnen-schwestern-des-ikarus-1351547.html

[Stand: 24.11.2015]

# Literatur

**Textausgabe**

Timm, Uwe: Halbschatten, dtv (13848), München 2010

**Sekundärtexte**

Demps, Laurenz u. a.: Invalidenfriedhof. Ein Friedhofsführer, Berlin 2003

Hielscher, Martin: Uwe Timm. dtv portrait 31081, München 2007

Kilb, Andreas: Ein deutsches Requiem. Uwe Timms Roman Halbschatten. In: Kutzmutz, Olaf (Hrsg.): Uwe Timm – lauter Lesarten. Beiträge zur Poetik der Gegenwartsliteratur, Wolfenbüttel 2009, S. 70–79

Scheitler, Irmgard: Deutschsprachige Gegenwartsprosa seit 1970, Tübingen und Basel 2001, S. 9 f.

Timm, Uwe: Erzählen und kein Ende. Versuch zu einer Ästhetik des Alltags, Köln 1993

Timm, Uwe: Von Anfang und Ende. Über die Lesbarkeit der Welt, vom Autor neu durchgesehene Auflage, Köln 2011

**Notizen**